나를
살리는
습관,

죽이는
습관

조승우 지음

나를 살리는 습관,

불안과 욕심으로 소모되지 않는

건강한 인생 수업

죽이는 습관

알에이치코리아

인간은 누구나 행복해지길 원하고 행복을 좇으며 산다. 하지만 정작 일상생활에서 행복하다고 느끼는 이들은 많지 않은 거 같다. 안타깝게도 우리나라의 행복지수는 35개 OECD 가입국 중 거의 꼴찌이다. 왜 이렇게 행복하지 않은 걸까?

일단 가장 큰 이유는 자신의 인생을 긍정하지 못하기 때문인 듯하다. 우리는 살아 있다는 것 그 자체만으로도 위대한 존재이다. 무엇이든 할 수 있고, 스스로 치유하고 성장할 힘이 있는 존재이다.

하지만 자신이 가진 그 능력을 온전히 발휘하지 못하고 있다. 이런 이유는 우리가 끊임없이 다른 사람들의 인생과 자신을 비교하면서 욕망하고 있기 때문이다. 인터넷의 발달로 우리는 다른 사람들의 일상생활을 손쉽게 들여다볼 수 있게 되었다. 유튜브, 인스타그램, 페이스북, 틱톡 등 수많은 SNS를 이용하면서 우리는 여러 사람들의 인생을 말 그대로 직관하고 있다. 그런 화려한 삶을 사는 이들을 보면서 동경하고 부러워하며 현재의 내 삶에 대해 불평불만을 갖고 자존감을 계속 낮추다, 결국 불행해지고 마는 것이다.

하지만 모두가 그런 것은 아니다. 남들이 보기엔 불행하다고 할 만한 상황에서도 세상에 당당히 나와 행복한 삶을 살아가고, 또 주어진 자기 인생에 감사한 마음을 가지고, 포기하지 않으며 무언가 계속 도전해가는 삶을 살려고 마음먹는 사람도 분명히 있다.

당신은 어떤 삶을 살고 싶은가? 무엇을 택하든 모두 자신의 선택이다. 다만 중요한 것은 누군가 원하는 방식대로 살지 않고 자신이 원하는 삶을 선택하고, 그에 책임을 지는 것이다. 그러기 위해선 당신의 마음이 보내는 신호에 귀를 기울여야 한다. 마음의 변화를 알아차리고 그것을 조절할 수 있는 것은 오직 자기 자신뿐임을 알 때 진정한 인생의 주인으로 살아갈 수 있다.

살아 있다는 것에 감사하며 살자

설령 불행한 일이 눈앞에 닥치더라도 왜 나한테만 이런 일이 생겼을까 원망하고, 화내면서 이유를 찾는 데 시간과 에너지를 쓰기보다 내가 살아 있다는 것 자체에 감사하는 자세에서 다시 시작할 수 있어야 한다. 이를 위해서는 평소에 감사하는 태도가 생활화되어야만 한다. 쉬운 일처럼 보일지 모르지만 생각보다 간단한 일은 아니다. 마음이란 언제나 시시각각 변하기 때문에 내가 제대로 돌보지 않으면 언제든 고삐 풀린 망아지처럼 방향을 잃어버릴 수 있기 때문이다. 지금부터라도 내 마음을 돌보는 습관을 가지면 된다. 다른 사람들이 만들어 놓은 틀에 나 자신을 맞추면서 사느라 애쓰지 말자. 내 MBTI가 T여서 E여서 나는 원래 이렇다는 등의 프레임 안에 자기를 가두고, 합리화하는 순간 더욱 고통스러워질 뿐이다. 나라는 사람의 한계를 그어버리면 틀을 깨고 변화하기가 점점 어려워진다.

내가 몇십 년을 살아왔건 어떠한 경험을 했고, 현재 어떠한 모습으로 있든 지금 살아 있다는 것이 중요하다. 그것만으로도 이미 난 충분히 성공한 인생이고 축복받은 감사한 삶이다. 언제 어떻게 죽을지는 아무도 모른다. 문명이 발달하면서 그중 과학 기술의 발전으로 대중교통이 발달하면서 우리는 교통사고로 죽을 확률이 훨씬 높아졌다. 그렇기에 재수가 있고 없고가 아니라 운명이 아니라 그저 사건 사고일뿐이다. 가공식품 섭취가 늘고 환경호르몬이 늘고 지구 환경이 파괴되고 기후 위기가 커지면서 아프거나 사망할 확률이 점점 더 높아지는 시대에 살고 있을 뿐이다. 그렇다고 아무것도 할 필요 없이 하루하루 쾌락을 즐기고 살라는 것은 아니다. 어떻게 살건 그 선택에 대한 결과를 책임지는 자세로 살면 괴로울 이유가 하나도 없다. 스트레스 받는다고 술을 엄청 먹거나 야식으로 매일 기름진 음식들을 먹으면서 한편으로는 건강한 삶을 바라기 때문에 괴로운 것이다. 즉 주어진 삶을 행복하게 살기 위해서는 기본적으로 욕심과 욕망을 알아차려야 한다. 돈을 많이 벌기 위한 목표를 세웠다면 그 목표가 내가 가진 능력에 비해 과한 것은 아닌지 먼저 점검해봐야 한다. 유명하고 인기 있는 많은 사람들과 교류하는 인간관계를 맺기 위해서는 그만큼 내가 희생하고 소비되어야만 한다는 것을 먼저 알아야 한다. 모든 것이 다 잘되기를 바라는 인생과 안될 수도 있는 것이 인생이라고 생각하면서 과정을 즐기는 인생의 차이를 알아야 한다.

모든 것이 내 탓이라는 자책과 자학의 길이 아닌 현재까지의 내 선택의 결과들이 쌓여 살아 있다는 것이 가장 큰 선물이라는 마음으로 살 때 우리는 진정 남들이 만들어 놓은 행복의 기준에 끌려다니지 않으며 살 수 있다.

삶 자체는 선물이지만 삶과 죽음이 하나이기에 공허함과 외로움, 고독이 함께 한다는 것을 받아들여야 한다. 무엇부터 바꾸고 새롭게 시작해야 될지 모르겠다면 우선 소비를 줄이고 먹는 것부터 자연으로 돌아가보자. 분명히 몸에 변화가 오고 이는 마음의 안정으로 이어질 것이다. 불필요한 소비를 줄인다는 것은 욕심과 욕망이 줄어든다는 것이고, 욕심과 욕망이 줄어들면 돈에 대한 집착도 함께 줄어든다. 큰 집에서 살고, 큰 차를 타고 다니고 수백만 원짜리 가방과 옷을 걸쳐야 행복한 삶이 아니라는 것을 알 때, 더 나아가 몸이 아픈 곳이 있더라도 마음의 괴로움이 없을 때 진정 건강하고 행복한 삶이라는 것을 알 때, 우리는 진정한 마음의 평안과 성공을 맛볼 수 있다.

나만의 삶을 살아나간다는 것은 결국 남에게 의지하거나 의존하지 않는 진정한 홀로서기의 길이다. 그 길을 가고자 하는 많은 이들이 함께하니 결코 외롭지 않다.

목차

3

나를 살리는 마음 습관

: 불안을 넘어 자유로워지는 연습

4

일상에서 건강 자산을 쌓는 법

: 죽은 음식부터 버려라

5

인생에서 가장 소중한 인연을 지켜라

: 죽는 순간까지 흔들리지 않을 이유

6

모든 것을 온전히 누리는 습관

: 자연스럽게 내려놓아야 산다

치열하게 살 것인가, 느긋하게 살 것인가

: 나 자신의 인생을 긍정하라

I

미라클 모닝도 저녁형 인간도
다 괜찮다

내 학창 시절 아버지는 항상 새벽 6시가 되기 전에 테니스를 치러 나가셨다. 나는 아버지가 나가시기 전에 일찍 일어나 책상 앞에 앉아 있다가 아버지가 나가시면 엎드려 잠을 자거나 누워 있었고, 아버지가 돌아오시는 소리가 나면 다시 책상 앞에 앉아 공부하는 척을 했다. 고등학교 선생님이셨던 아버지는 문제집을 얼마나 풀었는지를 보며 학습량을 확인하셨는데, 나는 그냥 정답지를 보고 정답과 오답을 섞어 적어두고는 분량만 챙겨서 상황을 모면했다. 그렇게 내 중·고등학교 시절은 하루하루 기싸움의 연속이었다. 그리고 아버지는 소위 말하는 스카이대에 가지 못한 내게 '요령만 피우는 게으른 사람'이라고 딱지를 붙여주었다.

20여 년이 지난 지금도 나는 '베짱이'라는 별명을 가지고 산다. 아내가 나를 그렇게 부르고 있다. 나는 치열한 것보다 여유를 좋아하는 사람이었던 것이다. 한때는 게으르다는 부모님의 시선에서 벗어나려고 부단히 노력하기도 했다. 하지만 지금은 내 모습 자체를 받아들이고 그냥 내가 하고 싶은 대로 살고 있다. 이렇게 살아도 내 삶은 온전하고 충만하니 괜찮다고 생각하면서 말이다.

대개 사람들은 아침형 인간이 되어야 성공할 수 있다고 말한다. 정말 그럴까? 성공하기 위해서는 반드시 새벽 4~5시에 일어나 명상이나 요가를 하고, 책을 읽어야만 할까? 미라클 모닝, 누군가에게는 분명 기적이 일어나는 시간일 것이다. 아침 시간에 나를 잘 들여다보고, 하루를 준비하는 습관이 가져다주는 좋은 점이 분명히 있으니 말이다. 하지만 여기서 중요한 것은 나와 맞는가이다. 다른 사람들이 좋다고 하니까 그냥 따라서 하고 있는 건 아닌지 생각해보자. 내가 힘들고 스트레스를 받는데, 성공 공식이라는 말에 맞춰 지금 당장 힘든 하루하루를 보낼 필요는 없다. 나도 미라클 모닝을 실천한 적이 있지만 시간 강박에서 벗어나기 시작한 시점부터 낮에는 일하고 밤에는 아이에게 젖병을 물려가며 글을 써왔다. 혼자서 조용한 새벽에 글을 써야 좋은 글이 나온다는 고정관념과 주입된 편견에서 벗어나고 나서야 2년 동안 4권의 책을 출간할 수 있었다. 더불어 1년간 1억 뷰가 넘는 조회 수를 만들어낸 유튜브 강연 영상의 주인공이 되었다.

다른 사람과 달라도 좋다

분명한 것은 미라클 모닝이 모든 사람에게 성공을 보장하는 공식은 아니라는 점이다. 게다가 나처럼 게으른 사람도 책을 쓰고, 강연을 하는데 당신 또한 이루고자 하는 일을 해내지 못할 이유가 없다. 게으른 내가 이 모든 일을 해낼 수 있었던 건 단 하나의 이유 때문이다. 바로 '나는 문제가 없다', '나는 지금 잘살고 있음에 감사하다'라는 마음가짐 덕분이다.

다른 사람들과 좀 다르면 어떤가? 최대한 긍정적으로 주어진 상황을 받아들이고 부단히 훈련하면 분명히 원하는 것을 얻을 수 있다. 그러니 자신의 한계를 스스로 단정 짓지 마라.

요즘 세상을 보면서 가장 안타까운 것은 아주 사소한 차이를 두고도 무언가 잘못된 것인 양 치부해버린다는 것이다. 단적으로 조금만 산만해도 ADHD라고 단정해버린다거나 과거의 상처로 힘든 경험이 조금만 있어도 트라우마라는 진단명에 스스로를 가둬버리는 식이다. 요즘은 MBTI 같은 성격 유형을 맹신하면서 자신을 어떤 틀에 맞춰버린다. 자연스러운 일이라고 볼 수도 있지만, 사실 거기에 정말 '나 자신'이 있는지가 핵심이다. MBTI 유형은 단지 참고 사항일 뿐이다. 내 MBTI가 내향형이라서 나는 적극적이지 않다는 식으로 자신의 한계를 만들어버리는 것이 아니라 상황이나 목적에 따라 언제든 자신의 행동 패턴을 바꿀 수 있다는 것을 스스로 믿어야 한다.

미라클 모닝 같은 성공 공식도 마찬가지이다. 나에게 맞다면 그것을 취하면 되고, 그렇지 않다면 애써 거기에 자신을 끼워 맞출 필요가 없다. 나만의 성공 공식을 만들어가면 그뿐이다.

단, 이렇게 하기 위해선 자기 자신을 제대로 아는 것이 먼저이다. 내가 어떤 사람인지 스스로 알아야 하고, 나만의 기준이 필요하다. 그 기준은 단번에 만들어지지 않는다. 그래서 가능한 여러 경험을 해보는 것이 좋다. 이런저런 경험을 하면서 내가 누구인지, 무엇을 좋아하는지 알아야 한다.

보여주기 식으로 살지 말라

우리 인간의 삶은 크게 다르지 않다. 보여주기 위한 삶이 아닌 자기 만족을 하고 남과 비교하지 않을 수 있는 내공을 가질 때 진정으로 성공한 인생이 된다. 성공이라는 것이 결코 돈이 아니라 삶의 행복지수가 얼마나 높은지에 달렸다는 것을 기억하자. 평범한 일상에서 주어지는 많은 것들에 감사하고, 소중함을 느낄 때 우리는 행복해질 수 있다. 그래야만 계속 장미빛 미래를 쫓으며 허덕거리는 삶을 살지 않게 된다. 이러한 깨달음은 어느 순간 불현듯 당신을 찾아들 것이다. 그러니 소위 있어 보이는 것들을 쫓아 당신의 인생을 낭비하고, 스스로의 인생을 허무하고 초라하게 생각하는 어리석음은 범하지 말자.

돈을 쫓는 삶을
선택할 것인가

1년 정도 커머스(온라인 상품 판매)를 통해 채소·과일식과 화학 무첨가의 중요성을 알리는 사업을 했다. 내 이름을 걸고 나온 제품이 홈쇼핑에서도 판매되었고, 은행원 출신인 내가 생각해도 금전적인 손해가 나지 않는, 겉으로 보기에는 분명 성공적인 사업이었다. 그 사업을 열심히 한 것은 나 혼자가 아닌 책임져야 할 아내와 아들이 있기 때문이었다. 단순히 재미나 내 만족만을 위해 일을 하는 건 가장의 기본 책무를 저버리는 일이라고 생각했었다. 그렇게 40대라는 나이는 철이 들고, 서로를 책임지는 마음으로 살아야 한다는 걸 알게 해주었다.

그런데도 나는 이 사업을 과감하게 중단했다. 커머스 사업은 장기적인 관점으로 봤을 때 분명히 수익 면에서 유망한 일이었다. 하지만 협업 과정에서의 문제, 수익 정산 등 여러 예상치 않은 일들이 벌어졌다. 물론 사업을 해나가다 보면 당연히 생길 문제라는 걸 알고 있었다. 그럼에도 그 과정이 전혀 즐겁지 않았다. 아무리 돈을 많이 번다고 한들 이 사업으로 인해 나 자신이 소모되는 것이 훨씬 크고, 결국 돈을 위해 포기해야 하는 것들의 가치가 더욱 크다고 느껴졌다. 무엇보다 가족과 보내는 시간이 줄어드는 것이 가장 크고 중요한 이유였다.

모든 걸 다 가질 순 없다

우리는 살아가면서 모든 것을 다 가질 수 있다는 생각을 많이 한다. 부와 명예를 얻으면 사람도 얻고, 원하는 모든 것을 다 얻을 수 있다고 말이다. 하지만 자연의 섭리이자 세상의 이치 중 가장 확실한 것은 모든 걸 다 가질 수는 없다는 것이다. 우리는 살면서 수많은 선택을 한다. 그때마다 내게 가장 좋은 것을 최대한 많이 얻을 수 있다는 생각으로 선택한다. 모든 걸 다 거머쥘 수 있을 것처럼 말이다. 하지만 지금 당장 내가 모든 걸 다 가진 듯 보여도, 분명 내 선택에 따라 잃는 것이 생긴다. 당장 눈에 보이지 않을 뿐 언젠가는 분명히 알게 된다.

나 역시 20대와 30대에 경험한 일들이 없었다면 40대에도 여전히 당장 눈에 보이는 성공, 특히 유명세와 돈과 인기에 취해 지금과는 다른 선택을 했을 것이다. 그건 시간이 지날수록 아무리 돈이 많아도 결코 가질 수 없고, 회복하기도 어려우며, 무엇보다 인생에서 가장 중요한 것을 잃어버리는 선택이다. 바로 나라는 사람의 가치, 그것을 함께 해주는 가족과의 관계, 그리고 인생 전반을 통틀어 중요한 가치인 몸과 마음의 건강 같은 것을 포기하는 선택 말이다.

나만의 기준을 세워라

나이가 들수록 선택할 게 점점 더 많아진다. 매일매일이 선택의 연속이고, 그 선택의 결과가 당신의 삶에 드러난다. 당신은 무엇을 선택할 것인가? 무언가 선택해야 할 때 도무지 갈피를 잡을 수 없다면, 혹은 눈앞에 놓인 화려한 것들이 당신을 유혹한다면 그때 필요한 건 중심을 단단히 잡는 것이다. 그리고 그 중심에는 반드시 나 자신이 있어야 한다. 다른 사람 말고 바로 나 자신!

이기적인 선택을 하라는 뜻이 아니다. 당신이 가장 강렬하게 끌리는 것이 무엇인지 마음속으로 떠올려보자. 지금 당장 눈앞에 놓인 그럴듯한 것들에 현혹되지 말고, 눈을 감고, 마음속으로 당신이 정말 원하는 것이 무엇인지 떠올려보라. 그렇게 하면 당신의 마음은 당신이 무엇을 원하는지 분명히 알려줄 것이다. 어느 하나가 당신을 붙잡는다면 그것을 집중해서 들여다보자. 사실 우리는 살면서 자신의 마음을 붙잡는 그것을 자꾸만 무시하곤 한다. 하지만 무시해 버릇하면 평생을 외면하고 무시하게 된다. 당신이 정말 원하는 것이 무엇인지 꼭 스스로에게 물어보자. 그렇게 해야 자신도 만족하면서 진정 성공이라고 말할 수 있는 삶, 행복이라고 말할 수 있는 삶을 살아갈 수 있다.

이런 방식으로 내가 찾은 나만의 중심은 시간이 지나면 억만금을 줘도 다시는 살 수 없는 가족과 보내는 그 순간을 삶에서 가장 우선순위로 삼을 때 행복하게 돈도 벌 수 있다는 것이다. 그래서 최근에 나는 예방원을 처음 시작했던 목포를 떠나기로 결정했다. 가족 모두가 새로운 도전이자 큰 변화를 선택한 것이다.

무엇을 믿고,
무엇에 기대어 살 것인가

태어나고 자란 환경에 따라서 운명이 결정된다고 믿는 사람들이 많다. 그래서 흙수저, 금수저 같은 말을 자연스럽게 하면서 자신의 현실을 탓한다. 그렇지만 인간은 그런 운명을 개척하고자 하는 마음으로 자신의 일상을 공들여 가꾸어가는 존재이기도 하다. 당신이 '정해진 운명 같은 것은 없다'라고 믿으며 앞으로 걸어 나가기 위해 필요한 것은 자기 확신과 자기 믿음이다. '나는 무엇이든 해낼 수 있다'라는 믿음 말이다.

살아가다 보면 분명 어려운 일을 겪을 때가 있다. 그럴 때 사람들은 흔히 종교의 힘에 기대려고 하는 경향이 있다. 무언가 불안하니까 신을 찾게 되는 것인데, 인간이 느끼는 근본적인 불안 중 하나는 바로 늙어가는 것, 즉 죽음을 맞이하는 것이다. 하지만 종교가 언제나 우리의 불안을 감소시켜주는 것은 아니다.

《이기적 유전자》의 저자 리처드 도킨스는 종교가 인간을 가장 어리석게 만든다고 말한다. 그는 단순한 진화생물학자가 아니다. 그의 저서들을 살펴보면 인간 존재에 대한 근원적인 질문, 인간은 어디에서 와서 어디로 가는지에 대한 사유와 고찰이 담겨 있으며, 현대 과학이 밝혀낸 사실들을 철학적으로 전파한다. 그런 그가 종교, 특히 태어나면서부터 부모나 주위 환경에 의해 주입된 모태 신앙은 선택의 여지 없이 인간의 인생에 깊숙히 침투해 삶 전반을 장악해버린다고 지적한다. 그는 어떤 종류이건 상관없이 모든 종교가 인간의 발전을 가장 저해하는 요소라고 말한다. 예컨대 종교로 인한 각종 분쟁 같은 것이 인류가 오랜 시간 살아남을 수 있었던 유전자의 힘을 뛰어넘어 멸망의 길로 몰아간다는 것이다.

굳이 종교의 효용성을 넘어서 '종교가 인간에게 무엇인가?'라는 질문은 결국 '인간은 무엇을 믿고, 무엇에 기대어 살아가는가?' 하는 문제와 연관된다. 인간이 종교에 기대는 가장 원초적인 이유는 오늘을 잘 살아가기 위해서이지만 본질적으로 자기 영혼에 대한 믿음이고, 죽음에 대한 두려움을 극복하는 하나의 방편이기 때문이다. 종교를 통해 우리는 사후 세계에 대한 불안을 해결하고자 한다. 오늘을 잘 살아내야 천국, 윤회 같은 것에 닿을 수 있다는 그런 믿음 말이다. 물론 요즘 젊은 세대들은 예전에 비해 종교에 의지하는 비중이 많이 줄어든 것도 사실이다. 지금 당장 살기도 힘든데 죽은 다음까지 생각하며 살 여유가 없어서일 수도 있고, 정해진 틀 안에서 사는 삶이 자유롭지 않게 느껴지기 때문일 수도 있다.

인생을 소중히 가꾸고 돌보는 마음

그렇다면 이제 우리는 다시 원론적인 질문으로 돌아갈 필요가 있다. '무엇을 믿으며 살아갈 것인가?' 하는 질문 말이다. 나는 종교적 행위가 아니라 내 인생을 돌보는 마음으로 '기도하는 삶'을 살자고 말하고 싶다. 삶과 죽음을 인지하고, 그에 따른 공포를 느끼는 인간으로 살아 있다는 것 자체를 감사하는 마음. 그것에서 시작했으면 좋겠다. 누군가에게 기대는 믿음이 아니라 오늘에 감사하고, 주어진 삶을 충실히 살아낸다면 분명 내 미래는 내가 원하는 곳에 닿을 것이라는 믿음으로 살아가는 것 말이다. 그게 기도하는 마음 아닐까? 일상의 모든 일 하나하나를 소중하게 다루는 마음, 내게 주어진 환경과 조건에 불만을 갖기보다 그럼에도 내가 가진 것이 무엇인지를 찾아내어 좋은 점에 집중하는 마음. 그런 것이 바로 기도하는 마음이라고 생각한다.

단순히 경제적인 부만을 쫓으며 살아가는 삶에서 기도하는 마음을 갖기는 어려울 것이다. 성공과 행복을 사회적으로 인정받는 결과물로 한정한다면, 연봉과 소득을 기준으로 삼는다면 당신은 결코 몸과 마음의 행복을 얻을 수 없다. 계속 외롭고 채워지지 않는 갈증으로 인해 불행해질 수밖에 없다.

당신의 삶을 스스로 구렁텅이에 밀어 넣지 말자. 삶 자체가 즐거움과 고통이 공존하는 것이라는 사실부터 우선 받아들이자. 과도한 욕심과 욕망을 품고 스스로를 괴롭게 만들기보다 오늘 하루를 살아가고 있음에 감사하자. 그리고 일상에서 일어나는 모든 일들에 일희일비하지 않고 묵묵히 해나가는 힘을 기르자. 그러기 위해선 무엇보다 나 자신을 믿고 사랑하는 자세가 필수이다. 무엇을 믿으며 살 것인가? 그것 역시 당신의 선택일 테지만 우선은 자신의 삶을 스스로 가꿀 수 있다는 믿음, 즉 나 자신을 믿고 사랑하는 마음이 근본에 깔려 있어야 한다는 것을 기억하자.

나에게 가치 있는 것을
선택하라

은행원으로 생활하며 처음으로 돈에 대한 욕심을 갖게 되었다. 부자 고객들을 대하면서 나 또한 큰돈을 벌고 싶다는 마음이 일었고, 그래서 커피 사업을 시작했다. 하지만 그 사업을 하면서 나는 건강과 인간관계를 잃어버렸고, 그 뒤로 더 이상 돈에 대한 욕심을 크게 부리지 않게 되었다. 그나마 좋아했던 자동차에 대한 집착마저 내려놓으니 돈을 엄청 많이 벌어 부모님께 효도해야겠다는 생각 같은 것으로 나를 괴롭히는 일이 없어졌다. 돈에 대한 집착에서 벗어나니 예방원 건물을 대출의 힘으로 준비하고 코로나 시국에도 망하지 않았다는 것에 만족할 수 있었다.

명품 시계, 옷, 가방, 신발 같은 것들이 끊임없이 우리의 욕망을 자극한다는 걸 안다. 하지만 그 역시 그런 것들을 가져야만 내가 특별해질 수 있다는 심리적인 자극이며, 상업적인 마케팅에 의해 만들어진 허상이라는 걸 깨닫고 난 뒤에는 소비에 더욱 집착하지 않게 되었다. 정말 내게 필요한 것만 살 뿐 단순히 욕망을 채우기 위한 소비는 하지 않는다. 그러니 사치할 필요도 없고, 더불어 돈에 대한 집착도 부리지 않을 수 있게 된 것이다.

상호 가치를 절충하는 지혜

다만 내가 다른 이들에 비해 후하게 돈을 쓰는 것이 딱 한 가지 있다. 바로 해외여행을 갈 때 좋은 좌석에 앉는 것이다. 30대 후반 신혼여행을 가면서 처음 비즈니스석에 앉아보았는데, 그때의 경험은 내 생각을 많이 바꿔놓았다. 무엇보다 편안했다. 장거리 비행 후 지친 상태로 여행을 시작하지 않을 수 있었고, 휴식을 취하기 위한 여행의 시작과 끝을 안락함으로 채울 수 있었다. 고생한 나를 위한 선물이고, 힐링을 주는 데 무엇보다 적합한 소비라는 가치 판단이 선 셈이다.

사실 우리 부부는 여러 가지 면에서 소비 패턴에 이견이 없는 편이다. 아들의 옷은 브랜드를 따지지 않고 면으로 만든 질

좋고, 환경호르몬이 없는 제품을 치수를 크게 사 입는다. 더불어 일상에 필요한 모든 것들에서 비움을 선택하고, 우리의 가치에 맞는 소비를 하고 있다. 그런데 단 하나 이 비즈니스석에 대해서만은 서로 의견이 달랐다. 결혼 전 아내는 출장을 다니며 일등석을 경험해보았지만 결혼하고 아이가 태어난 후에는 도리어 비즈니스석보다는 이코노미석을 선호하게 되었다. 우리는 서로의 가치를 존중하기에 타협안을 찾아냈다. 우리의 일상에서 가장 큰 플렉스는 아내와 함께 하는 여행인데, 장거리 여행할 때 비즈니스석을 타는 대신 직항이 아닌 경유지 항공편을 선택해 가격을 낮추고, 그것도 최소 3개월 전에 예약해 가격을 더 낮추는 방식으로 말이다.

아내는 자신이 이해하기 어렵다고 해도 뒤늦게 내가 좋아하게 된 것의 가치를 인정해주었다. 서로 다른 가치를 이해하고 존중해주는 것은 자신에게 중요한 것이 무엇인지 아는 것만큼 중요하다. 그걸 하지 못하면 결혼 후에 부부 간 갈등이 계속 생기고 외로움이 커지게 된다. 그러면서 상대방이 변하지 않는다고 탓한다. 사랑은 받는 것도 주는 것도 아닌 상대방을 이해하는 것에서부터 출발한다. 행복한 삶을 위해서는 내 가치와 배우자와의 가치를 절충하는 지혜가 필요하다.

진정으로 즐거움을 느끼는 것에 투자하라

당신은 무엇에 가치를 두는가? 어떤 소비가 당신에게 편안함과 즐거움을 느끼게 해주는가? 핵심은 단순한 욕망이 아니라 나에게 진정으로 필요한 것이 무엇인지 아는 것이다. 소비를 무조건 나쁜 것으로 치부하면서 모든 것을 아껴야 한다는 것이 절대 아니다. 필요한 것은 가치 있게 소비하면 된다. 당신만의 소비 원칙을 세우자. 남들에게 보여주기 위한 소비, 무언가를 과시하기 위해서, 허영과 욕망을 드러내는 소비 대신 내게 진정한 즐거움을 주는 것에 투자해보자. 그렇게 하면 당신의 일상은 당신이 투자한 것보다 더 큰 즐거움으로 가득 찰 수 있다.

부자든 가난한 사람이든 죽을 때 하나는 똑같다. 계좌에 든 돈은 다 못 쓰고 죽는다는 사실이다. 그 액수가 크든 작든 죽을 때 돈을 들고 갈 수 있는 사람은 없으니까. 언제 죽을지 모르니 돈을 모으지 말고 하고 싶은 대로 살라는 것이 아니다. 자기 소득에 맞지 않게 사치하라는 것이 아니라 자신에게 중요한 일에는 투자하고 소비해야 한다는 뜻이다. 내 집 마련하겠다고 아끼고, 투잡, 쓰리잡을 뛰면서 소중한 이들과 함께하는 데 시간과 돈을 쓰지 못하는 안타까운 실수는 하지 말자. 그것만큼 어리석은 일은 없다.

무엇에 가치를 두는가는 철저하게 당신에게 달렸다. 당신이 비즈니스석을 택하는 것보다는 좋은 숙박 시설에 묵는 것을 선호한다면 그렇게 하면 되고, 당신이 여행을 가는 것보다 좋은 공연이나 전시를 보는 게 더 좋다면 그렇게 하면 된다.

가치 있는 소비란 결국 내 인생에, 내 일상에 적절한 보상과 즐거움을 찾아주는 일이고, 그렇게 좋은 것들에 집중할 때 돈이 당신을 옭아매지 않게 된다.

나는
살고 싶다

은행원을 그만두고 시작한 커피 사업은 꽤 사업성이 좋았다. 당시 커피라는 기호식품 시장은 믹스커피가 주를 이루던 것에서 원두커피, 즉 아메리카노 등으로 시장 트렌드가 바뀌고 있었기 때문이다. 나는 커피 사업의 가능성을 보고 사업에 뛰어들었고, 현장부터 제대로 파악하기 위해 직접 트럭을 운전하며 마트 납품, 진열, 정산 처리, 창고 관리까지 모든 일을 손수 익히며 경험을 쌓았다. 커피 로스팅을 배우고, 이내 생산시설을 갖추고 블렌딩(커피 원두 배합)과 로스팅을 통해 나만의 레시피를 만들어냈다. 많은 시간이 지나지 않아 좋은 맛을 만들었고, 납품도 시작할 수 있었다. 일에 재미도 붙어 정말 미친 듯이 몰두했다. 덕분에 짧은 시간에 사업은 궤도에 올랐고, 성공이 눈앞에 온 듯했다.

건강과 맞바꾼 의미 없는 돈

그런데 그 1~2년 사이 나의 건강은 급격히 나빠졌다. 나는 그 사실을 미처 깨닫지 못했다. 처음에는 두통과 허리 통증이 있었고, 진통제와 소염제를 먹으며 버텼다. 하지만 결국 수면제를 먹지 않고서는 도저히 잠을 잘 수 없는 지경에 이르렀다. 그도 그럴 것이 하루에 수십 잔의 에스프레소를 마시고 술과 야식을 먹으며 지냈던 터라 몸이 성할 수 없었다. 더 큰 문제는 따로 있었다. 신경 안정제와 수면제의 가장 큰 부작용이 바로 자살 충동과 몽유병 증상이었다.

몸은 점점 더 나빠져 극심한 심장 통증까지 느꼈고, 병원을 다니기 시작했지만 나아지지 않았다. 심장 통증으로 먹는 약이 늘어나면서 또다른 부작용에 시달렸다. 근육통이었다. 병원에서는 섬유근통이라는 또다른 진단명과 함께 약의 종류만 늘렸다.

결국 사업을 접고, 부모님이 계신 고향으로 내려갔다. 나는 생명의 위협을 느끼며 삶이 언제든 끝날 수 있다는 걸 알았고, 인생에서 가장 중요한 것은 결국 살아 있다는 것 그 자체라는 것을 깨달았다. 더불어 인생에서 가장 중요한 것이 돈이 아니라는 것, 다른 사람보다 나 자신을 가장 먼저 챙기고 사랑해야 한다는 것을 알게 되었다.

살기 위해 선택한 것이 인생을 바꿨다

내가 우선 해야 할 일은 건강 회복이었다. 약물에 점점 중독될수록 부작용도 심했기에 가장 먼저 술과 커피를 완전히 끊기로 했다. 더불어 몸과 마음에 대해 공부하기 시작했다. 대표적인 서양 자연 치유에 대해 정리한 안드레아스 모리츠 작가의 책들을 시작으로 먹는 것에 대해 공부했다. 기존에 내가 알고 있던 모든 상식이 다 파괴되는 충격적인 시간이었는데, '살아 있는 음식을 먹으면 살고, 죽음 음식을 먹으면 죽는다'는 아주 간단한 원리였다. 이것이 바로 내 인생과 건강을 완전히 다른 국면으로 이끌어준 깨달음이 되었다. 나는 스스로를 실험 대상으로 삼았다. 술과 커피를 끊고, 살아 있는 채소·과일식 위주로 식단을 바꾸면서 빠른 속도로 적정 체중을 찾았다. 하지만 그런 변화가 있었음에도 심장 통증은 완전히 사라지지 않았고, 죽음에 대한 공포가 나를 계속 짓눌렀다. 지금 와서 돌이켜보면 미래에 대한 불안감, 그리고 새롭게 정한 목표에 대한 압박감으로 인한 스트레스가 주요한 원인이었다. 고작 나이 서른두 살에 죽을 수도 있다니 두려웠다. 이런 불안과 두려움은 결국 나를 다시 병원으로 이끌었다. 병원에서는 각종 검사 끝에 심장을 둘러싸고 있는 왕관 모양의 큰 혈관, 즉 관상동맥이 가늘어졌다고 했고, 최종적으로 불안정성 협심증이라는 진단을 내렸다. 보통은 50대 이후 술, 담배를 많이 하는 사람들에게서 나타나는 병증으로 빨라야 40대 중후반에 진단을 받는 병이었다.

32세, 죽음의 공포와 맞서며

가슴을 쥐어짜는 듯한 극심한 통증, 숨이 안 쉬어지는 증상이 별안간 찾아오고는 했다. 때로는 바늘로 콕콕 찌르는 듯한 통증으로 시작되어 길게는 1~2분간 온몸이 굳어버리는 상태가 지속되었다. 병원에서는 원인은 모르지만 현재의 상태면 갑자기 심장이 멈출 수도 있으니 약을 잘 챙겨 먹고 상비약을 항상 몸에 지니고 있다가 증상이 나타나면 반드시 먹으라고 했다. 고지혈증약, 콜레스테롤약, 근육 이완제, 진통 소염제 등 나는 다시 한 번 죽지 않기 위해 약을 한 움큼씩 먹기 시작했다.

하지만 달라지지 않았다. 이렇게 약만 먹으면서 아무것도 하지 못한 채 지내는 것이 과연 맞는가 하는 생각이 들었다. 무기력하게 언제 심장이 멈출지 몰라 격렬한 운동은 할 수조차 없었다. 그래서 한의학을 공부하게 된 것이고, 마음에 대해 공부하게 되었다. 그 결과 몸과 마음은 절대 분리될 수 없다는 것을 알았다. 그렇게 나는 죽음의 문턱을 넘으면서 일상의 모든 것들에 감사하는 마음을 갖게 되었다. 다시 새 생명을 살아가는 것이나 마찬가지였다. 그러면서 인생은 언제든 끝이 날 수 있으니 지금, 현재를 제대로 살아야 한다는 생각을 갖게 되었다. 가장 중요한 것은 건강한 습관, 내 몸을 살리는 습관을 갖는 것이라는 것도 알게 되었다. 몸과 마음, 진짜로 삶을 살리는 것이 무엇인지 탐구하는 과정을 거쳐 새로운 삶의 태도를 갖게 된 것이다.

기억할 것은 한 가지뿐이다. 죽은 음식을 먹으면 죽고, 살아 있는 음식을 먹으면 산다. 마음도 그렇다. 나를 극한으로 밀어붙이며 에너지를 갉아먹을 것인지, 내 에너지를 소중하게 다루면서 살아갈 것인지는 내 선택이다. 자신을 스스로 살리는 제대로 된 몸과 마음의 습관을 익혀야 죽음의 공포나 인생의 불안을 떨쳐낼 수 있다.

어떻게 원하는 삶을
살 것인가

사람은 평생에 걸쳐 어떻게 살 것인지, 무엇을 하며 살 것인지를 끊임없이 고민한다. 평생 직장의 개념이 없어져서이기도 하고, 다양한 삶의 방식이 가능해진 시대이기 때문이기도 하다. 무엇보다 그냥 흘러가듯 자기 인생을 낭비하고 싶지 않은 이들은 스스로 무엇을 하면서 살아가야 할지 더 많이 고민한다. 물론 나이에 따라서 그 주제는 조금씩 달라지기 마련인데 20대와 40대가 공통적으로 고민하는 주제가 하나 있다. 그건 바로 월급쟁이로 살 것인가, 사업을 할 것인가이다.

20대에는 대학을 졸업하면 취업을 할지, 내 사업을 시작해볼

지 고민한다. 그리고 40대에는 회사에 계속 남을 것인지, 퇴사하고 자기 사업을 할 것인지 고민한다. 20대에는 아직 가능성이 많은 인생에 대한 도전이고, 40대에는 평생 직장이 사라진 현실에서 자신의 인생 후반전을 위한 선택이다. 그런데 사람들은 흔히 더 큰 성공을 거두려면 직장 생활보다는 사업을 선택해야 한다고 생각하는 경향이 있다. 그래서 각종 성공 신화를 꿈꾸며 무리하면서까지 불나방처럼 사업에 뛰어들고는 한다. 그런데 과연 그런 선택이 당신의 인생을 풍요롭게 만들어줄 수 있을까?

실패한 인생은 없다

무엇을 선택하건 장단점은 분명히 있을 것이다. 중요한 것은 그 선택을 누구도 대신해줄 수 없다는 것이다. 당신이 20대이건 40대이건 상관없이 무엇을 하며 살아갈 것인지 스스로 결정해야 한다. 그리고 그런 결정을 하기 위해선 자기 자신을 가장 잘 알아야 한다. 내가 어떤 사람인지, 무엇을 잘하는지, 무엇을 좋아하는지를 정확히 알아야 한다는 것이다. 물론 20대와 40대는 경험의 양과 질이 다를 수밖에 없다. 그러니 자신을 알기 위해 다양한 경험을 해봐야 한다.

요즘은 특히 20대가 창업에 문을 두드리는 경우가 많은데 꼭 당부해두고 싶은 말이 있다. 자신을 잘 알려면 그리고 무언가 특별히 해내고 싶다면 여러 가지 일을 경험해보는 것이 선택 사항이 아니라 필수라는 사실이다. 단순한 아르바이트부터 소규모 조직 생활, 이왕이면 큰 조직까지 체험해보길 권한다. 사업에 대해 책과 인터넷으로 공부하는 것도 분명 도움이 될 수 있지만 직접 업무를 경험해보고, 사람들을 대해보는 것은 큰 자산이 된다. 지금 당장은 생계를 위해서 아르바이트를 한다고 해도, 그 경험이 나중에 직장 생활을 하건, 자기 사업을 하건 반드시 밑거름이 될 것이다.

또한 모든 결정과 선택에 대해 책임지는 마음가짐을 가져야 한다. 내가 사업을 감당할 수 있는 사람인지 스스로 잘 생각해봐야 한다. 무슨 일을 하건 그 결과는 내가 책임질 수 있어야 한다. 다른 사람을 탓하고, 환경을 탓한다고 해도 아무것도 달라질 것이 없기 때문이다.

실패를 해도 내가 선택하고 결정한 것이라면 거기에서 중요한 의미와 가치를 발견할 수 있다. 아무래도 20대에는 사업 자금도 넉넉하지 않고 실패할 확률도 높은 게 사실이다. 그런데 설사 사업을 시작했다 실패해도 그 원인을 환경이나 다른 사람에게서 찾지 않고, 자기 자신에게서 찾는다면 분명 그 실패에서 성공의 원동력을 찾아낼 수 있을 것이다.

자신을 한계 상황까지 몰아붙이지 말라

당신은 어떻게 살고 싶은가? 사업을 하든 월급쟁이로 살든 무엇이든 가치가 있기에 어떤 것도 모두에게 딱 맞는 정답은 없다. 중요한 것은 바로 나 자신이고, 돈이 아닌 내적 평화이다. 내가 얼마나 감당할 수 있는지는 나만 안다. 스스로를 한계 상황까지 몰아붙일 필요는 없다. 사업을 하든 직장 생활을 하든 그 나름의 고충이 있다는 걸 인정하는 데에서 출발하자.

모든 것이 다 좋을 순 없다. 그저 내가 더 잘할 수 있는 선택을 하면 되고, 내 선택에 대한 책임을 지면 된다. 선택한 모든 것이 다 잘될 수 없다는 것만 받아들여도 후회는 덜하다. 40대에 명예퇴직이나 조기퇴직을 선택하게 되는 상황에서도 마찬가지이다. 창업을 하는 것보다 퇴직금을 모두 노후 자금으로 비축해 두고, 소비를 줄이고 눈높이를 낮춰 재취업을 한다고 해서 결코 실패한 인생이 아니다. 내가 더 마음 편하고 잘할 수 있는 것을 선택하면 된다.

꼭 뭔가 대단한 걸 해내야 성공한 삶인 것은 아니다. 현재 자신과 배우자, 그리고 자녀 중 누구 하나 사건, 사고 없이 아프지 않고 지내는 것만으로도 이미 성공한 인생이라는 것을 깨닫기만 하면 된다.

100년이라는 시간을 채우고 간다면 그것만큼 성공한 인생이

어디 있겠으며 그중에 절반인 50년만 아프지 않고, 죽지 않고 살아 있다면 그 또한 성공한 삶이다. 나의 경우는 역설적이게도 건강을 잃고 나서야 내 부족함을 알게 되었다. 그러다 보니 죽지 않고 살아 있는 것 자체만으로도 남은 삶은 덤이라고 생각하게 되었고, 덕분에 성공이나 돈을 쫓지 않게 되었다. 베스트셀러 작가가 되었다고 해서 인기나 명예를 쫓기보다 나에게 진정한 행복이 무엇인지를 돌아보는 삶을 살게 되었다. 가끔 흔들려서 욕망과 욕심에 끌려가려고 할 때는 평생 동안 가장 많은 시간을 함께해야 할 아내와 아들을 생각하며 다시 제자리로 돌아온다.

당신이 어떤 사람인지는 당신만 알 수 있다. 무엇이 더 마음을 충만하게 만들어주는지에 집중해보자.

나는 이미
대단한 존재이다

살면서 한 번쯤은 '나는 왜 태어났을까?'라는 질문을 스스로에게 던져봤을 것이다. 금수저이든 흙수저이든 어떠한 가정 환경에 처해 있든 상관없이 자기 존재의 이유, 삶의 이유에 대해 생각해보는 때가 있다. 이러한 생각을 10대에 하면 우리는 흔히들 사춘기인 질풍노도의 시기라고 한다. 비단 10대가 아니어도 20대, 30대에도 이런 방황과 고민의 시간은 언제든 찾아온다. 그런데 우리가 태어난 이유는 없다. 태어나 이미 삶이 시작되었기 때문에 우리는 그냥 살아간다.

그런데 이렇게 생각해보면 어떨까. '태어나 지금을 살고 있는 것만으로도 나는 대단한 존재이다.' 이 책을 읽고 있는 이 순간,

당신은 이미 성공한 인생을 살고 있다는 뜻이다. 매 순간 지구상 어디에서든 누군가는 죽는다. 자연사가 아닌 전쟁이나 교통사고처럼 전혀 예상할 수 없는 죽음에 직면하기도 한다. 혹은 스스로 삶을 포기하기도 한다. 하지만 당신이 이 책을 읽고 있다면 적어도 당신이 죽음을 앞두고 있다거나 불의의 사고를 당한 상태는 아니라는 뜻일 것이다. 그것만으로도 당신은 이미 성공한 삶을 살고 있는 것이다.

이것이 무슨 뜻일까? 세상에선 내가 예상하지 못한 일들이 쉼 없이 벌어진다. 예고 없이 날아온 미사일과 포탄으로 가족과 삶의 터전을 하루아침에 잃는다. 교통사고도 이제는 자연사로 봐야 할 정도로 다반사로 일어나는 일이다. 건강하게 잘 지내다가 어느 날 백신 접종 부작용으로 사망할 수도 있다. 인간의 욕망과 탐욕으로 인해 무분별하게 파괴된 지구 환경의 자정 작용으로 일어나는 태풍, 지진, 해일 등 기후 재난 재해 때문에 죽을 수도 있다.

이처럼 지구상에 존재하는 80억 명의 인간 중에 살아서 하루하루를 무사히 보내고 있다는 것, 오늘 지금 이 순간을 맞이하고 있는 존재라는 사실만으로도 당신의 인생은 무엇과도 비교할 수 없이 귀하고 소중하다는 뜻이다.

스스로의 인생을 사랑하는 것이 시작이다

당신 자신의 인생을 믿어라. 자신의 몸과 마음을 믿어라. 돈이 없어서, 내 부모가 능력이 없어서, 혹은 내가 운이 없어서 하는 일마다 잘 되지 않는다고 답답해할 필요는 없다. 우선 당신이 살아 있다는 것 자체에 감사해보자. 그렇게 해야만 행복한 인생을 살 수 있다. 선천적으로 장애를 가지고 태어났든, 후천적 사고로 장애를 가지게 되었든 살아 있다는 것에 감사함을 느끼고 세상 밖으로 나와 행복을 전하는 이들에게 주목해보자. 면접에서 떨어져 취업을 못했다고 해서, 몸 어딘가 불편하다고 해서 불평불만을 갖지 말고, 재벌 3세나 비트코인으로 벼락부자가 된 이들과 자기 삶을 비교하지 말고, 장애를 극복하고 항상 얼굴에 웃음을 잃지 않고 행복하게 사는 이들을 보길 바란다. 유튜브, 인스타그램 등 SNS의 순기능 중 하나는 그러한 당당하고 도전적인 삶을 사는 이들을 볼 수 있다는 것이다. 그런 인생에서 삶을 배우자. 현재 내가 가진 삶에 감사할 줄 아는 것이 무언가를 이루는 데 가장 큰 원동력이 된다. 절박함, 열등감, 치열함 등은 힘이 강해 보여도 절대 오래가지 못한다. 결국에는 자존감이 더욱 떨어질 뿐이다.

기억하라. 스스로를 사랑하지 않게 되는 가장 큰 이유는 남과 비교하기 때문이다. 가정 환경은 10대까지는 영향을 미칠 수 있다. 하지만 가정 환경과 상관없이 자기 인생은 얼마든지 달라진다. 성인이 되기까지의 시간들, 그리고 성인이 된 뒤 얼마나 성장했느냐가 인생을 좌우할 뿐이다. 성격도 결국 내 노력에 의해 만들어진다.

건강하고 행복하고 성공한 삶을 위해서는 우선 내 몸과 마음을 믿어라. 그리고 이를 위해 욕심과 욕망에서 벗어나라. 남들이 좋다고 하니까 좋은 대학을 가고, 대기업에 들어가고, 높은 연봉을 받아야 하고, 좋은 차를 타고, 좋은 집에서 살아야만 성공한 인생이 아니라는 것부터 받아들여라. 스스로 마음을 편하게 갖는 것, 자신에게 집중하고 온전히 자신의 인생에 몰입할 때 충분히 멋진 인생 항해를 해나갈 수 있다.

아는 만큼 보이는
건강한 삶

: 스스로 진실을 찾는 힘을 가져라

2

의사의 말도
일단 의심하라

진정 건강하게 살고 싶다면 정보를 제대로 선택하는 힘을 가져야 한다. 세상에는 이런저런 건강 정보들이 넘쳐난다. 그중에는 의사, 약사 등 전문가들이 해주는 이야기들도 많다. 그런데 의사와 약사는 질병과 약의 전문가이지 건강 전문가는 아니다. 건강하다는 건 몸의 상태를 단순한 수치로 나타낸 것이 아니기 때문이다. 올바른 정신과 마음을 바탕으로 힘든 순간이 오더라도 잘이겨낼 수 있을 때 비로소 건강하다고 할 수 있다. 다시 말해 그어떤 검사 수치로도 건강하다는 평가를 내릴 수 없다는 뜻이다. 그러니 어떻게 의사, 약사가 건강 전문가일 수 있겠는가. 생계에서 벗어나지 못하는 과학자 역시 기업의 이윤 추구를 위해 일하는 월급쟁이에 불과하다. 기본적으로 이 사실을 인지하고 있어야 현재 당신이 앓고 있는 만성 질환들을 고칠 수 있다. 동시에 내가 깨닫고 널리 알리고 있는 내용 역시 수많은 의사, 약사, 과학자들이 밝혀낸 것들이지만 주류에서 벗어나 외면당하고 있는 진실이다.

돈이 되지 않아 외면당하는 진실

이 진실이 외면당하는 이유는 간단하다. 결코 돈이 되지 않기 때문이다. 건강하고 행복한 삶을 살 수 있는 방법에 돈이 필요하지 않다는 건 기업에게는 이익 실현이 불가능하다는 뜻이다. 그러니 제약회사, 병원, 식품회사, 언론이 모두 관심을 가지지 않는 것이 당연하다. 더 솔직히 말하면 차라리 관심을 갖지 않고 외면하는 게 더 나을 것이다. 하지만 기업들은 더 많은 이윤을 내기 위해 진실을 왜곡하는 정보들을 퍼트리며 공격적으로 마케팅을 한다. 소비자들은 이 정보들에 휘둘리며 고통과 괴로움에 직면하게 될 선택을 하고 만다. 그리고 이로 인한 문제는 점점 더 커지고 있다.

　우리는 세계 10위 선진국인 대한민국에 살고 있다. 이는 곧 모든 것이 자본주의, 즉 상업주의 시스템으로 돌아간다는 뜻이기도 하다. 병원 역시 거대한 의료 사업이며, 제약회사가 이윤을 추구해온 대표적인 의약 산업의 일부에 속한다.

이들에게 휘둘리지 않으려면 우리가 제대로 된 정보를 선택해야 한다. "그게 그렇게 좋다더라.", "병원에서 그러는데 그 약이 정말 효과가 좋다네.", "어디 방송을 보니까 그거 진짜 좋아진다고 하더라." 같은 말을 그냥 믿지 말고, 정말 나한테 좋은 것이 무엇인지 알고 선택해야 한다.

단, 정보를 선택해야 한다는 것은 응급을 다투는 상황에 적용되는 건 아니다. 그러니까 직장 생활이나 일상생활에서 사고 등으로 다쳐서 외과적인 수술, 치료가 필요한 상황을 말하는 것이 아니라는 뜻이다. 예전 같으면 치료조차 하지 못하고 죽음을 맞았을 장기 이식 수술에 대해 말하는 것이 아니다. 고혈압, 고지혈증, 당뇨, 두통, 아토피, 비염, 불면, 변비, 설사, 암에 이르기까지 당장에는 생명에 지장이 없으나 평생 약을 먹어야 한다고 말하는 만성 질환에 대처하는 태도를 말하는 것이다. 우리는 너무 쉽게 의사들의 말만 듣고 만성 질환 치료약을 처방받아 아무런 의심 없이 복용하고 있다. 내 건강이고, 내 삶의 질을 결정하는 중요한 것인데도 그냥 받아들인다.

그런데 당신은 혹시 이런 사실을 알고 있는가? 고혈압과 고지혈증 치료약을 처방하는 기준 수치를 낮추기 위한 법을 만들고, 개정하게 하려고 다국적 제약회사들이 엄청난 돈을 로비 자금으로 사용하고 있다는 걸 말이다. 더구나 수많은 국제기구나 정부 기관의 예산 중 많은 부분이 제약회사와 식품회사의 지원금으로 충당되고 있다. 이런 사실을 안다면 더 이상 일방적으로 전달받은 정보를 곧이곧대로 믿기는 어려울 것이다.

내 건강을 병원에 맡기지 마라

우리는 내 건강을 지키고, 더 행복한 삶을 살기 위해 이런 진실을 제대로 알아야 한다. 무엇보다 우리의 몸은 단순한 혈액검사나 각종 장비들을 통해 산출되는 수치로 모든 것을 밝힐 수 있을 만큼 단순하지 않다. 현재의 의학 및 과학 수준이 그 정도에 도달하지 못했다. 예컨대 매달 건강검진을 받을 정도로 건강 염려증, 건강 불안증을 가진 사람도 암에 걸리지 않는다는 보장은 없다. 그렇다고 1년에 한 번, 2년에 한 번 받는 건강검진에서 정상 수치라고 해서 안심할 수도 없다. 혈압, 콜레스테롤, 혈당 수치가 높아 약을 먹어 그 수치가 기준치 이하라고 해도 절대 안심해서는 안 된다. 원인은 그대로 놔둔 채 눈에 보이는 증상만 없앤 것에 불과할 뿐이다. 그렇게 약물로 인해서 부작용은 쌓이고, 늘어나는 증상에 따라 먹어야 할 약의 종류만 늘어난다. 그러다가 결국 더 이상 손을 쓸 수 없을 지경이 되어서야 의사와 병원을 믿지 말라고 성토한다.

그렇다면 우리는 어떻게 해야 하는가? 일단 이것부터 기억하자. 그 누구도 당신의 인생을 책임져주지 않는다. 당신의 인생, 당신의 건강은 결국 자신만 책임질 수 있다. 의사나 병원도 마찬가지이다. 사실 우리에겐 여러 가지 선택지가 놓인다. 단순하게 한 가지만 생각해보자.

여기 똑같은 혈액검사 수치가 있다. 그런데 한 곳은 낭장 약을 처방하고 수술을 권하고, 다른 한 곳은 식생활 습관을 개선하면서 좀 더 시간을 갖고 지켜보자고 말한다. 이런 상황에서 당신은 어떤 선택을 할 것인가? 똑같은 검사 결과를 두고 전혀 다른 정보를 접했을 때 어떻게 할 것인가? 아마 당신은 이런저런 정보를 찾아보기도 하고, 전문가라는 사람에게 조언을 구할수도 있을 것이다. 그런데 많은 경우 우리는 처음 접한 정보만으로 그냥 의사의 처방을 받아 약을 복용한다. 더 알아볼 생각조차 하지 못한 채 말이다. 심지어 이런 경우까지 있다. 의사가 더 이상 약을 복용하지 않아도 된다고 해도 혈압약, 당뇨약은 평생 먹어야 하는 것이 아니냐며 불안해하는 것이다. 그러니 그냥 약을 처방해달라고 요구하고, 먹지 않아도 될 약을 처방받아 하루도 거르지 않고 챙겨 먹는다. 제대로 된 정보가 아닌 것들에 휩쓸려 스스로의 건강을 해치는 선택을 하고 마는 것이다.

내 몸은 나만 살릴 수 있다

이는 내 인생을, 내 건강을 누군가에게 맡겨버리는 셈이다. 어떤 선택이든 누군가 대신하게 하지 말아야 한다. 최종 선택은 인생의 주인인 나 자신이 해야 한다. 인생의 모든 일이 마찬가지이다. 여러 가지 선택지 앞에서 최종 선택은 자기 자신만이 할 수 있다. 그런데 삶의 기본이 되는 건강과 관련된 것조차 자기 힘으로 선택하지 않는다면 어떻게 될까? 아주 간단한 수술이라고 해서 수술 동의서조차 잘 읽어보지 않고 수술을 받는다. 그런데 만약 그렇게 수술받은 후에 전신 마취 부작용으로 깨어나지 못한다면 그건 누가 책임져줄까? 누구도 책임져주지 않는다. 모든 선택의 결과는 결국 자기 자신의 몫이다.

우리는 건강 정보는 물론 성공하는 방법, 돈을 많이 버는 방법까지 온갖 정보가 넘쳐나는 시대에 살고 있다. 충분히 공부하고 비교하고 연구한 다음 선택했을 때에만 어떠한 결과에 상관없이 책임질 수 있다. 그리고 내가 노력과 시간을 투자해서 선택한 것들에 대해 스스로 책임져야 한다. 사실 인생에 있어 후회가 많고 괴로움이 많은 이유는 기본적으로 내 선택에 대해서 책임지려 하지 않기 때문이다.

성공한 인생의 기준은 각자 다를 수 있지만 궁극적으로 마음의 괴로움이 없는 상태라고 할 것이다. 건강도 마찬가지이다. 내가 후천적인 장애를 갖더라도, 극심한 통증 속에 살고 있더라도 내 마음의 괴로움이 없다면 건강하고 행복한 인생이다.

이제 전문가의 말을 전적으로 맹신하며 따르던 시대는 지났다. 약 하나를 먹더라도 왜, 얼마나, 어떻게, 무슨 약을 먹는지 그 효능과 부작용에 대해서 알고 결정해야만 내 건강과 인생을 스스로 통제할 수 있다. 한 가지만 조언을 덧붙이면 건강하고 행복한 삶을 살기 위해선 먼저 수치에서 벗어나자. 우선은 먹지 말아야 할 음식부터 제한해보라. 그렇게만 해도 우리의 몸은 저절로 회복된다. 수치에 집착하고 약에 의존하면 당신은 병원 밖에서는 절대로 건강을 찾을 수 없을 것이다.

광고에 눈멀어
건강을 망가뜨리지 말라

우리나라와 일본에만 있는 특이한 제도가 있다. 바로 건강 기능 식품을 정부 기관인 식약처가 인증해주는 제도인데 영양제의 본고장인 미국에도 없는 제도이다. 건강 기능 식품의 문제점들이 많이 지적되면서 현재는 질병을 예방하거나 치료하는 효과가 있는 것처럼 오인되지 않도록, 즉 약으로 오인되는 광고를 하지 못하게 규제하고 있다. 이렇게 건강 기능 식품으로 인증받는 요건이 점차 까다로워지면서 요즘은 이런 제품이 일반 식품으로 많이 출시되고 있다. 대표적인 것이 글루타치온, 맥주효소이다.

영양제는 태생 자체가 약과 같은 효과가 없음을 뜻한다. 그런데 식품회사나 제약회사들은 죽은 가공식품이 마치 특별한 효과가 있는 것마냥 마케팅을 펼치며 여러 가지 형태로 사람들을 유혹한다. 제약회사도, 식품회사도 본질적으로 영리를 추구하는 기업이다. 즉 우리에게 물건이나 서비스를 판매해 이익을 거두는 곳이다. 결코 우리의 건강을 위해 존재하는 곳이 아니다. 기업은 근본적으로 주주들의 이익을 추구하기 위한 집단이다. 돈이 되는 것이라면 무엇이든 할 수 있다. 그런 제약회사들이 영리를 추구하면서 다양한 식품까지 만들어내고 있다. 그들은 우리가 거부감 없이 그 제품들을 사 먹도록 끊임없이 마케팅을 한다. 대표적인 마케팅이 광고인데 크게 두 가지 형태로 나눌 수 있다. 하나는 우리가 흔히 광고라고 말하는 방송 프로그램 중간이나 인터넷 등에 노출되는 직접 광고이고, 다른 하나는 방송이나 다양한 콘텐츠 프로그램에 교묘하게 녹인 간접 광고이다.

좋아 보이는 것들의 유혹

광고의 형태는 달라도 두 가지 모두 결국에는 정보에 직·간접적으로 노출되도록 만들고, 왠지 '좋아 보이게' 해서 나한테도 효과가 있을 것처럼 인식하게 만들어 결국 선택하게 하는 것이 목적이다. 그런데 제아무리 효과가 좋은 제품이라고 해도 나와 맞지 않으면 효과를 기대하기 어렵다. 그럼에도 건강해지고 싶은 사람들은 그런 유혹에 쉽게 넘어간다.

여기에 한 가지 더한 마케팅이 있다. 바로 건강 프로그램을 통한 광고이다. 건강에 대한 관심이 늘어날수록 건강 프로그램도 같이 늘어난다. 동시에 제작 지원과 협찬으로 성사된 간접 광고가 이루어진다. 광고 사실을 적시한 안내 문구는 작은 글씨로 표시되어 당신이 인식하지 못하게 순식간에 지나간다. 시청자가 그것을 알아차리기란 결코 쉽지 않다. 대표적인 게 비만, 관절, 염증 등을 치료한다는 명목의 유산균, 글루타치온, 오메가3 등이고, 요즘은 흑염소, 산양유 등 일반 식품에 관한 간접 광고도 많이 나온다.

사람들은 그런 건강 프로그램을 보다가 채널을 돌리면 여기저기에서 판매하고 있는 관련 제품을 보게 돼 무엇에 홀린 듯이 구매하게 된다. 정말 필요한 것인지, 나에게 효과가 있는지에 대한 정확한 정보도 없는데 마치 반드시 필요한 것인 양 구매하는 것이다. 말 그대로 마케팅에 제대로 걸려든 셈이다. 정말 큰 고민 없이 좋아 보이는 것들에 휘둘리고 만다. 그렇다고 나만 속았다고 생각할 필요는 없다. 원래 자본주의, 상업주의의 속성이 그러하니까. 술, 담배 같은 것도 아무리 건강에 안 좋다고 알려줘도 결국 내 선택에 의해서 사 먹지 않는가.

진짜 정보를 취사선택하는 힘

당신이 스스로 건강을 지키고 싶다면, 건강한 인생을 살고 싶다면 이거 한 가지는 꼭 기억하자. 그건 '아무리 좋아 보여도 나한테도 좋다는 보장은 없다'는 것이다. 확률이 낮긴 하지만 기가막힌 마케팅을 하는 제품이 정말 좋은 것일 수도 있다. 하지만 아무리 좋은 것이라 해도 당신에게도 좋은 것이라고 장담할 수는 없다. 그러니 우선은 진짜 정보인시 한 번 더 생각해보고 의심을 가져라. 그런 다음 나에게 정말 필요한 것인지, 나에게 좋은 것인지, 내 건강에 도움이 되는 것인지 제대로 알아보라. 그러려면 건강 기능 식품뿐 아니라 일상적으로 먹고 마시는 것도 내 건강에 해를 끼치진 않는지, 정말 도움이 되는 것인지 스스로 공부하고 따져보는 노력을 해야 한다. 그래서 정말 좋은 것을 취사선택하는 힘을 가져야 한다.

당신이 아는
건강 정보는 정말 진실일까

이야기를 시작한 김에 우리가 진실이라 믿고 있지만 사실은 거짓인 정보들을 다시 한 번 짚어보자. 우선 거듭하여 강조하지만 무수한 건강 기능 식품, 영양제, 그리고 약은 절대 건강을 가져다주지 않는다. 우선 모든 약은 부작용이 있다. 대표적인 것으로 백신, 항생제, 스테로이드 등을 들 수 있다. 약은 기본적으로 생명이 위급한 상황과 복용하지 않으면 위험하다는 것이 확인될 때에만 사용해야 한다. 지난 100여 년간 약물을 사용해오면서 얻어진 결론이다.

우리가 살아가면서 질병으로 인해 죽음에 이르는 상황은 생각보다 흔치 않다. 그런데도 계속하여 불안과 죽음에 대한 두려움을 자극하는 상황이 벌어지고 있다. 세상에 떠돌아다니는 각종 건강 상식 역시 마찬가지이다. 진실이 아닌 가짜 정보가 넘쳐나고, 자신들의 이익에 따라 불안을 조장하기도 하고, 때론 반대로 안전하다는 착각을 심기도 한다.

영양제에 대한 맹신에서 벗어나라

우리는 이런 정보들의 진위를 제대로 파악해야 한다. 잘못 알고 있는 상식 중 대표적인 것이 가공식품은 안전하다는 프레임이다. 우리가 흔히 사 먹는 식품회사와 제약회사가 만들어낸 제품들, 즉 공장에서 찍어낸 것들은 안전하지 않다. 대량으로 생산하고 유통하기 위해 화학 첨가제가 들어간 음식은 말 그대로 죽은 음식이다. 그런데 그런 것을 비싼 돈을 주고 사 먹는다. 반대로 자연의 생명력이 담겨 있는 채소, 과일은 토양이 오염되어 위험하다거나, 농약이 문제라거나, 너무 비싸다는 고정관념에 휩싸여 점점 더 멀리한다.

이런 상황이 지속되면 결과적으로 기업은 돈을 벌고, 건강이 안 좋아지는 사람은 늘어나고, 연쇄적으로 제약회사와 병원은 돈을 버는 구조가 만들어진다. 좋은 것을 제대로 먹어야 하는데 잘못된 상식으로 음식을 잘못 선택하니 아픈 사람이 늘어난다.

여기에 더해 각종 검사를 통해 비타민A, B, C, D 등이 부족해 현재 피곤하고 문제가 있는 것처럼 각인시켜서 영양제를 사먹게 만든다. 그것으로도 모자라 고용량인 고가의 제품에 돈을 쓰도록 만들고, 제약회사들끼리 서로 다른 제품의 폐해를 알리는 마케팅을 펼쳐 신제품을 사도록 만들고 있다.

잘못된 상식으로 피해가 큰 것 중 또 다른 하나가 바로 이 영양제이다. 영양제는 정말 세간에 알려진 대로 좋은 것일까? 누구에게나 반드시 필요한 것일까? 사실 각종 영양제의 부작용, 특히 고용량 제품을 사용할 때의 문제점들이 계속하여 드러나고 있다. 종합비타민의 부작용이 가장 먼저 나타나기 시작했다. 병원에서 영양제를 처방하기 시작하면서 비타민D를 고용량으로 복용할 때 심장마비가 발생하는 것도 확인되었다. 유산균 역시 살아 있든 죽어 있든 유산균을 아무리 먹어봤자 효과도 없고 도리어 장내 문제만 더 생긴다. 유산균과 함께 건강 기능 식품을 뛰어넘어 의사가 처방하며 약처럼 여겨지기 시작한 오메가3 역시 10여 년의 논란 끝에 부작용이 확인되었다. 2023년 7월 미국심장협회와 미국심장학회 등 여러 기관에서 '오메가3가 심혈관 질환에 효과성이 없다'고 발표한 것을 시작으로, 유럽의약품청 역시 비슷한 취지의 발표를 했고, 2024년 1월 한국 식약처에서도 오메가3의 복용이 심장을 불규칙하게 뛰는 부정맥의 일종인 심방세동을 유발할 수 있는 부작용이 있다는 것을 알리도록 고시했다.

누구에게나 안전하다고 해도 조심해서 복용해야 하는데, 치명적인 부작용이 확인되었다면 더 주의해야 할 것이다. 그런데도 제약회사와 식품업체는 이러한 사실은 감춘 채 여전히 제품의 효과가 아닌 성분의 효과만을 강조하면서 제품을 팔고 있다. 나 역시 몸을 끔찍하게 생각하며 성공하기 위해서는 건강 관리를 해야 한다는 마음으로 20대 후반에 비싼 논을 주고 오메가3를 사 먹었다. 비싼 돈을 쓴 만큼 당장은 몸이 좋아지는 것 같았지만 실제론 그렇지 않았고, 계속해서 챙겨 먹어야 하는 영양제가 늘어날 뿐이었다. 그리고 10여 년이 지난 후에야 멀쩡하던 내 심장이 왜 그토록 망가졌는지 알게 되었다. 복불복도 아닌데 고용량이든, 저용량이든 상관없이, 복용한 기간도 상관없이 심장이 두근거리는 증상이 나타날 수 있다는 것이 정말 납득하기 어렵지만 그나마 이런 위험이 있다는 것을 알게 된 것만으로도 다행이라고 생각한다.

오래된 건강 상식이라도 제대로 다시 확인하라

병이 든 다음에는 그 누구도 책임져주지 않는다. 재수가 없었다고 하기에는 그 후유증을 평생 안고 살아야 한다. 그러니 애초에 문제가 있는 것은 먹지 않는 게 가장 현명한 방법이다.

실제로 내 몸에 해가 될 수도 있는 영양제와 식품들이 주변에 알게 모르게 많다. 가장 대표적인 것이 우리가 몸에 좋고, 안전하다고 믿고 먹는 우유이다. 우유는 '완전 식품'이라 칭송을 받으며 누구나 쉽게 접하는 음식이다. 그런데 우유는 엄밀하게 말해 가공된 식품이다. 그리고 가공된 순간에 이미 죽은 음식이 된다. 멸균, 살균 과정에서 단백질 변성이 일어나 치명적인 발암물질이 나오기 때문이다. 즉 우유를 마시면 돌연변이 단백질을 먹게 되는 셈이다. 우유회사가 앞다투어 안전한 A2단백질만 들어 있는 우유를 비싼 가격에 판매하고 있는 것 역시 우유의 A1베타카제인이 심장 질환, 당뇨, 암 등을 유발하는 것이 밝혀졌기 때문이다. 그런데 이런 사실을 떠나서 A1, A2카제인 단백질 같은 용어에 현혹되기보다 차라리 유기농 우유를 먹는 게 더 현명한 자세이다.

술, 담배가 발암 물질로 밝혀진 것처럼 모든 인공적인 화학물질들이 몸속에 쌓이면 염증 반응을 일으키고 이것이 결국 암으로 발현된다. 이제 선택은 우리에게 달렸다. 자연에서 온 유기농 채소, 과일에 돈을 쓸 것인지 마케팅의 노예가 되어 과학이라는 이름 아래 내 몸을 혹사시킬 것인지 말이다.

세계 유수의 암센터에서는 채소·과일식을 공격하지 않는다

누구나 좋다고 하는 것을 그냥 그대로 믿지 말라. 혹은 안 좋다고 말하는 것이 정말 안 좋은 것인지 의구심을 가져보라. 나의 건강이고, 나아가 나의 인생이 달린 것인데 무지하고 안일하게 대처해서는 안 된다. 예컨대 여전히 채소·과일 주스를 마시는 것이 콜라를 마시는 것과 같다고 말하는 이들이 있다. 공산품으로 유통되는 채과주스를 제외한다면 이런 말의 근거를 찾기 힘들다. 세계 유수의 암센터들과 자연 치유 전문 병원들에서는 결코 채소, 과일을 공격하지 않는다. 오히려 그런 곳에서 영양제를 처방하는 일이 없다. 이미 그 어떤 약이나 가공식품보다 자연에서 온 살아 있는 채과주스가 얼마나 몸에 좋은지 현대 과학으로 밝혀졌기 때문이다.

유행처럼 번지는 수많은 정보들을 그냥 믿지 말라. 오랫동안 정론처럼 믿고 있었던 건강 상식에 대해서도 한번쯤은 의구심을 가져보라. 그것이 진짜 제대로 된 정보인지 확인해보라. 더 이상 마케팅이나 상술에 휘둘리지 말고, 내 몸의 주인으로 당당하게 나에게 필요한 것을 선택하라. 그것만이 자기 자신을 지킬 수 있는 힘이 된다.

원초적 능력을
회복하는 힘

당신은 치료와 치유의 차이를 알고 있는가? 우선 치료는 증상만 없애는 것이고, 치유는 그 원인을 개선하는 것이다. 단순하게 말하면 당장 두통이 심해서 두통약을 먹거나 변비가 심해서 변비약을 먹는 것은 치료이다. 반면 두통, 변비의 근본적 원인이 커피라는 것을 알고 커피부터 끊는 것이 치유이다. 조금만 생각해 보면 현상을 없애기 위한 치료보다는 근본적인 해결을 위한 치유가 필요하다는 건 쉽게 알 수 있다. 하지만 세상은 우리가 그런 사고를 할 수 있도록 가만히 내버려두지 않는다.

세상은 바쁘게 돌아가고, 당장 눈앞에 일들을 해결하면서 살기에도 벅차다. 거기에 더해 끊임없이 정보에 노출된다. 두통이 심하고, 변비가 있다면 약을 먹으라고 권하는 광고를 보면서 단번에 그걸 해결할 수 있을 것 같은 착각에 빠지기 때문이다.

사실 미디어에 오랫동안 노출되는 효과는 생각보다 힘이 세다. 그래서 여러 기업들이 큰돈을 들여 PPL(간접 광고)을 하는 것이다. 두서너 살 어린아이가 보는 프로그램에서 이미 과자, 아이스크림, 젤리가 등장한다. 아이들은 재미있게 TV 프로그램을 보는 것만으로 그런 음식에 대해 알게 된다. 아프면 당연히 병원에 가서 주사를 맞고 약을 먹어야 한다고 배운다. 자연스럽게 익숙해지고, 또 당연한 것으로 여기게 된다. 이건 성인이 되어서도 마찬가지이다. 근육 감소가 일어나는 노년기에는 단백질을 보충하려면 고기를 먹어야 한다거나 노인의 영양 보충에는 분유가 최고라는 정보를 더욱 쉽게 진실이라고 받아들인다. 그러다 보니 일흔 살이 된 노인이 분유를 다시 먹기 시작하는 웃지 못할 일도 생기는 것이다.

인간은 자연의 일부라는 자각이 필요한 시간

그런데 한번 생각해보자. 삼시 세끼 잘 챙겨 먹으며 살아온 게 언제부터였는가? 유산균, 오메가3, 각종 비타민 등을 챙겨 먹고,

골다공증 예방을 위해 칼슘, 마그네슘, 각종 무기질, 미네랄을 보충하며 살아온 것이 언제부터였는가? 그리고 그렇게 많은 것들을 챙겨 먹은 다음 우리는 더 건강해졌는가? 현생 인류인 호모사피엔스까지 거슬러 올라가 생각하지 않아도 된다. 불과 우리 할아버지, 할머니 세대만 해도 100세 넘게 사시는 분들이 분명 존재했다.

조금만 시간을 되돌려보면 우리는 많은 것들을 자연에서 얻으면서 삶을 유지했고, 그것으로 건강도 지켰다. 모든 것이 자연에서 시작되었다. 사실 인간이 근본적으로 어디에서 왔는지 아는 것만으로도 타인이 만들어 놓은 틀에서 벗어날 수 있다. 우리 인간은 지구상에 하루아침에 생겨난 존재가 아니다. 오랜 시간에 걸쳐 현재 최상위 포식자가 된, 지구 역사상 가장 많은 종족 번식에 성공한 종이다. 현재 우리는 많은 것들을 만들어내는 시대를 살고 있다. 우주선을 만들고, 화성 탐사를 가고, 인간을 대체한다는 각종 기술을 만들어낸다. 하지만 현대 과학은 이 많은 것들을 만들어내면서도 살아 있는 풀 한 포기, 사과 한 알을 만들지 못한다. 바로 이것이 달리 보아야 할 사실이다. 많은 것들을 만들어낼 수 있다는 자만심 대신 인간을 자연의 일부로 겸허하게 받아들인다면 세상을 조금 다른 눈으로 볼 수 있을 것이다.

자가 치유 능력을 지켜라

결국 우리가 주어진 수명대로 살기 위해서는 자연에서 온 것들에서 길을 찾아야 한다는 뜻이다. 이것은 가장 단순하면서도 효율적인 방법이다. 지금까지 큰 고민 없이 익숙하고 자연스럽게 받아들인 것들 대신, 1500만 년이라는 시간 동안 살아남은 현생 인류의 유전자가 보유한 힘을 믿어야 한다. 원래 우리가 먹어왔던 것으로만 돌아가도 우리 몸은 반드시 회복된다.

더불어 약이 아니라 단순히 시간을 가지고 쉬는 것만으로도 우리의 몸은 자가 치유 능력을 발휘한다. 예컨대 '감기약은 먹어도 일주일, 안 먹어도 일주일'이라는 말이 있다. 일주일이라는 시간 동안 최대한 몸에 안 좋은 것들을 제한해주면서 쉬기만 해도 우리 몸은 저절로 회복된다. 약으로 인한 부작용 없이 자연 면역력이 생기는 것이다. 약에 길들여지는 순간 내성이 생기고 유전자 돌연변이가 쌓인다. 오죽하면 국가에서 항생제, 스테로이드, 진통 소염제, 해열제 등과 같은 약물 오남용에 대해서 홍보를 하겠는가. 이제 인위적인 것에 휘둘리지 않고 자연으로 돌아가면 스스로 치유되는 힘을 가질 수 있다는 것, 그냥 내버려두는 것만으로도 우리 몸은 좋아진다는 사실을 꼭 기억하자.

잘 먹고, 잘 자는 것만으로도
치유가 시작된다

우리는 이제 건강의 기준이 결코 혈액검사 수치가 아님을 안다. 그렇다면 건강하다는 건 어떤 상태를 말하는 것일까? 완벽한 것을 추구하지 않고 욕심을 내려놓은 삶을 살 수 있을 때 진정 건강하고 성공한 인생이라고 말했다. 좀 더 정확히 표현하자면 마음과 정신의 상태가 건강에 중요하게 영향을 미친다는 뜻이다. 실제로 약물의 효과보다 인간이 가지고 있는 마음가짐이 건강에 미치는 영향이 훨씬 더 크고, 효과도 더 크다. 이것이 바로 자연 치유력, 자가 치유력이다.

약보다 강력한 마음의 영향력

어떠한 생각과 마음을 갖느냐에 따라 뇌가 작동하고 그에 따라 호르몬들이 분비되며 달라진다는 것은 이미 많은 전문가들이 여러 실험을 통해 증명했고, 강조하고 있는 사실이다. 예컨대 새로운 약이 나오기까지 여러 단계의 임상실험을 통과해야 하는데 이중맹검(블라인드 테스트) 실험으로 한 그룹에는 실제 출시할 약을 주고, 다른 그룹에는 가짜 약을 주어 그 효과를 검증했다. 실험을 시작할 때 참가자들에게 약의 효능을 알려주자 자신이 어떤 그룹에 속하는지 모르는데도 약을 먹는다는 생각만으로도 몸이 반응했다. 가장 큰 결과를 보여준 대표적인 사례가 진통제를 투약하면서 통증의 정도를 확인한 실험이었다. 진통제를 실제로 투약했는지와는 전혀 상관없이 '진통제를 맞는다'라는 신호만으로도 통증이 줄어들었다.

이처럼 우리 몸이 정신에 의해 더욱 지배된다는 사실은 여러 사례를 통해 입증되었다. 그런데도 이런 사실은 외면되거나 감추어져 왔다. 진실은 가려진 채 제약회사의 철저한 마케팅에 노출되며 오직 약에만 의존하게 된 것이다. 약의 효과와는 상관없이 '약을 먹으니깐 몸이 좋아진다'라는 플라시보 효과만으로도 여러 수치들이 개선되는데도 말이다. 결국 장기간 복용한 약물 부작용으로 인해 몸에 진짜 이상이 생기는 결과를 맞고 말았다.

건강을 결정하는 세 가지 조건

지금까지 건강에 대한 기준마저도 철저하게 기업 위주의 자본주의 논리에 의해 잠식당해왔다. 그렇다면 건강의 기준은 무엇으로 알 수 있을까? 건강을 결정하는 것은 크게 세 가지이다. 60퍼센트가 음식, 30퍼센트가 수면, 그리고 10퍼센트가 운동이다. 그 외에 환경호르몬 등 생활하는 환경이 작용하겠으나 우선적으로 우리에게 가장 큰 영향을 주는 것은 이 세 가지이다. 건강하게 살고 싶다면 우선 이것들을 효과적으로 잘 관리해야 한다.

살아 있는 음식 먹기와 12시간 공복 유지

먼저 먹는 것은 강조한 것처럼 살아 있는 신선한 채소, 과일을 중심으로 한 식단이 좋다. 죽은 음식들은 잘 가려내야 한다. 사실 우리나라와 같은 선진국은 과잉 소비 중독에 빠져 있다. 끊임없이 무언가를 사 먹게 만든다. 특히 죽은 가공식품도 많이 먹는데 그중에서 가공된 탄수화물(빵, 과자, 아이스크림, 치킨, 감자튀김, 초콜릿, 젤리, 유제품, 피자, 햄, 도넛 등) 중독은 우리의 건강에 치명적이다. 게다가 설탕 대체재로 각광받는 인공감미료(아스파탐, 아세설팜칼륨, 사카린, 스테비아, 올리고당, 알룰로스 등)는 인간의 뇌를 교란하고 마비시키는 성분으로 암과 치매를 유발한다. 그런데 이를 숨기기 위해 오직 과당이 인슐린 호르몬의 작용을 망가뜨린다는 것에만 포커스를 맞추어 과일을 못 먹게 한다. 칼륨으로 인해 콩팥이 망가진다며 채소를 못 먹게 한다. 그러고는 혈당을 안 올리고 칼륨 수치를 안 올리는 안전한 식품이라면서 가공식품과 건강 기능 식품을 먹도록 유도한다. 하지만 이런 것들을 지속적으로 먹는다면 병의 완치는커녕 수십 년간 약물을 달고 살다 죽어갈 수도 있다. 죽은 음식이 아니라 살아 있는 음식을 먹어야 몸도 살아난다.

여기서 한 가지 더해 건강하려면 무조건 하루 12시간 동안은 물만 먹으며 공복 상태를 유지해야 한다. 인간의 신체는 끊임없이 무언가를 먹도록 설계되지 않았다. 기본적으로 섭취, 동화, 배출 주기에 따라서 낮 12부터 저녁 8시까지가 먹는 시간인 섭취 주기, 저녁 8시부터 새벽 4시까지가 먹은 음식을 소화하고 흡수하는 동화 주기, 새벽 4시부터 낮 12시까지가 몸 안에 쌓인 독소를 내보내는 배출 주기이다. 이러한 사실이 현대 과학으로 밝혀지면서 간헐적 단식인 16 대 8, 즉 16시간 공복 유지가 유행하게 된 것이다.

어찌 보면 지극히 자연스러운 자연의 섭리를 우리는 에너지 과잉과 소비 중독으로 인해 거스르면서 밤낮없이 먹으며 산다. 그로 인해 몸이 쉬어야 할 시간에도 계속 소화를 하고 몸속에 쌓인 독소들과 싸워내느라 회복·재생할 시간을 갖지 못해 결과적으로 병에 걸린다. 보통은 평균 10년에 걸쳐 이러한 몸의 부작용들이 나타나지만, 스트레스가 심하고 충분한 수면과 회복이 이루어지지 않으면 짧게는 2~3년 안에 몸이 망가지고 만다.

하루 7시간은 꼭 수면 취하기

다음으로 수면은 좋은 질의 수면을 제대로 취할 수 있어야 한다. 흔히 시간이 없어서 잠이 부족하다는 말을 자주 한다. 하지만 하루 24시간은 누구에게나 공평하게 주어진다. 똑같이 주어진 시간을 어떻게 활용하느냐가 하루하루 쌓여 결과물이 달라진다. 건강하기 위해서는 7시간 정도는 수면을 취할 수 있어야 한다. 적정 수면 시간에 대해 자기계발 분야에서는 하루 3~4시간만 자도 충분하고, 질 좋은 숙면은 2시간만 자도 된다고 많이 이야기한다. 물론 적정한 수면 시간은 각자의 상황이나 신체 상태에 따라 다를 수 있다. 하지만 하루 3~4시간씩 자면서 무언가를 해가고 있다면 최소한 일주일에 하루 정도는 7~8시간을 약물이나 술의 도움 없이 푹 잘 수 있는 마음의 상태를 갖고 살아야 한다.

잘 자기 위해서는 기본적으로 마음이 편안해야 한다. 끊임없이 불안하고, 해야 할 일들에 쫓기고, 스트레스를 받고 있다면 결코 7~8시간을 잘 수 없다. 오히려 '인생 뭐 있냐? 나는 잠은 꼭 하루에 7~8시간은 잘 거야'라며 마음 편히 자는 사람이 건강하다. 회사에서 승진하고 프로젝트를 따내고 연봉을 올리기 위해 밤낮없이 일하는 사람은 대부분 커피를 달고 산다. 나아가 쉽게 잠을 자지 못해 술에 의존하고, 수면제나 신경 안정제 같은 약물에 중독된다. 그러다 보면 피곤하고 우울해지기 마련이고, 이를 달래기 위해서 달고 맵고 짠 음식들을 끊임없이 먹는다. 악순환이 되는 셈이다.

현재 내가 건강하다는 것은 12시간 동안 물 외에 아무것도 먹지 않으며 보낼 수 있고, 7시간은 누워서 수면을 취할 수 있을 만큼 무언가에 중독되지 않은 상태를 말한다. 아주 간단해 보이지만 실제로 이렇게 하기란 쉽지 않다. 당신도 이런 상태로 일주일을 보낼 수 있는지부터 확인해보자.

우리가 원래 가지고 있는 초인적인 힘을 발휘하는 것은 한 번에 이룰 수 있는 일이 아니다. 시간과 단계가 필요하다. 자신이 매사에 긍정적이고, 걱정 없고, 하고 싶은 것과 해야만 하는 일들을 자유 의지대로 할 수 있다면 커피, 에너지음료 그리고 약물에 의존하지 않는다는 기본 전제하에 하루 2~3시간을 자든 3~4시간을 자든 상관없다. 즉 '하루에 꼭 7~8시간 통잠을 자야 건강한 삶을 유지할 수 있다'라는 생각조차 버리라는 뜻이다. 멜라토닌, 코르티솔 등 호르몬의 작용 원리까지 생각할 필요도 없다. 육아를 생각해보면 된다. 그 어떤 부모도 잠을 편히 자기는 힘들다. 특히 엄마들은 임신, 신생아에서 세 돌까지는 2~3시간마다 아이와 함께 깼다, 잠들었다 하며 우리를 키웠다. 반드시

4시간 이상 통잠을 자야 했다면 우리 인류는 진즉에 멸종했을 것이다.

수면 장애, 즉 불면을 해결하는 데 있어 가장 우선되어야 할 것은 인식의 변화이다. 그다음은 신경을 자극하는 음식인 인공 첨가물 덩어리들을 제한하면 된다. 결국 7시간 수면과 12시간 공복 상태를 유지할 수 있다는 건 마음의 괴로움이 없는 삶을 뜻하는 것이니 말이다.

무리하지 않는 선에서의 적당한 운동

마지막으로 적당한 운동은 삶의 에너지를 적절하게 관리하는 데 필요하다. 하지만 과하면 부족한 것보다 나쁘다. 많은 이들이 과도한 운동에 에너지를 쏟아붓고는 허기진 배를 다시 가공식품으로 채우는 실수를 한다. 운동 역시 수많은 부가 산업을 창출하는 하나의 산업 분야가 된 지 오래이다. 운동하고 난 뒤에 먹으라고 광고하는 보충제, 단백질 파우더 같은 것 역시 모두 가공식품에 불과하다. 그것 역시 당신의 욕망을 부추기며 소비를 조장하는 제품들일 뿐이다.

우선 음식과 잠부터 제대로 된 습관을 가져보라. 건강을 위해 이런저런 과잉소비를 하기보다 아주 기본이 되는 습관부터 바꾼다면 다른 무엇보다 효과적이라는 걸 스스로 알게 될 것이다.

자기 성장의 기본인
건강 자산을 쌓는 습관

일반적으로 자기계발서에서 말하는 자기 성장의 기본은 긍정적인 마음가짐, 자기 확신과 자기 믿음이다. 내가 성공한다고 믿으면, 즉 돈을 많이 벌 수 있다고 믿으면 그렇게 된다는 것이다. 그리고 대개는 '돈이 곧 성공'이라는 대명제에서 출발하고, 이를 이루기 위한 여러 방법들을 전파한다.

새벽 네다섯 시에 일어나 미라클 모닝으로 하루를 시작하라거나 하는 식이다. 사람들은 이런 이야기에서 희망을 얻고, 위로와 공감, 응원을 얻는다. 지금 당장 미라클 모닝을 꾸준히 하는 것만으로도 이미 성공한 것 같은 착각에 사로잡히게 만들기 때문이다. 그런데 과연 그 내용이 정말 누구에게나 도움이 되는 것일까? 자수성가한 사람의 스토리 중 돈을 아무리 많이 벌었어도 결국 몸이 아프고 사랑하는 사람들과 시간을 보내지 못한 것에 대해 후회하고, 나중에서야 인생에서 무엇이 진짜 중요한지를 깨달았다는 내용은 인기를 얻지 못한다.

사람들이 돈을 벌고, 승진을 하고, 성공을 이룬 비법에 대해 더욱 관심을 가지는 건 당연한 일이다. 마치 고소득을 보장한다면서 부동산과 주식, 비트코인에 투자하라고 끊임없이 유혹하는 손길 같은 것이니 말이다.

1만 시간의 법칙도 대표적인 방법론이다. 한 분야에서 무언가 성과를 내기 위해서는 10년이 걸리니 꾸준히 하라고 권한다. 그것이 짧게는 1,000일 즉 3년 정도가 소요되고, 이렇게 꾸준히 무던하게 견디면 뭐든 할 수 있다고 격려한다. 그런데 이렇게 시간을 투자하면 정말 누구나 성공할 수 있는가? 아니다. 우리는 사실 그렇지 않다는 걸 이미 알고 있다.

인생에서 많은 시간을 투자하고도 실패할 수 있고, 좌절을 맛보기도 한다. 예컨대 초등학교 6년, 중·고등학교 6년, 거기에 대학과 취업 준비 기간까지 평균 15년 이상의 시간을 쏟아붓고 나서 생애 처음으로 뼈아픈 좌절을 경험하기도 한다. 그래도 절치부심하며 좌절을 딛고 그토록 열망했던 공무원이 되고, 대기업에 들어가면 마치 모든 것을 이룬 듯 착각에 빠지기도 한다.

하지만 그 결과가 인생을 더 건강하고 행복하게 만들어주지는 못한다. 이를 증명이라도 하듯 그렇게 어렵게 들어간 대기업과 공무원을 3~6개월 만에 그만두는 20대들이 더욱 많아지고 있지 않은가.

가장 중요한 가치인 건강 자산에 투자하라

그렇다면 우리는 무엇에 투자해야 할까? 성공하고 싶은 마음, 돈을 벌고 싶은 마음은 인간이 자연스럽게 가질 수 있는 욕망이다. 그리고 그 길을 알려주는 자기계발서의 메시지들은 일면 맞다. 긍정적인 마음가짐을 가지면 몸이 달라지고, 생활이 달라지고, 건강한 인생이 만들어진다. 하지만 여기에서 차이를 만드는 중요한 한 가지가 있다. 바로 어떤 것이 가장 가치 있는가 하는 점이다. 그리고 나는 자기계발, 자기 성장에 있어 가장 우선시되어야 할 중요한 가치는 바로 '건강 자산'이라고 말하고 싶다. 즉 몸과 마음의 건강 모두를 추구하는 인생이야말로 성공한 인생이라는 것이다.

인간의 수명을 평균 120세로 잡았을 때 10대, 20대에 몸을 어떻게 관리하느냐에 따라 이후의 삶이 달라질 수 있다. 하지만 그때 제대로 건강 자산을 쌓지 못했다고 해도 늦지 않았다, 30

~40대 시절을 어떻게 보냈든 상관없이 50~60대를 어떻게 보내느냐에 따라 70~80대가 결정된다. 몸과 마음만 건강하다면 80세가 되어서도 1만 시간의 법칙을 따를 수 있다. 10년이라는 시간 동안 무언가에 도전하고 결과를 만들어낼 수 있다는 뜻이다.

지금 시작해도 늦지 않다

매일 보내는 하루하루가 쌓여 결과를 만들어낸다. 물론 우리 인생은 원하고, 뜻하는 대로 모두 이루어지지 않는다. 하지만 건강만큼은 다르다. 건강 자산을 잘 쌓으면 분명 건강한 인생을 살수 있다.

건강 자산을 쌓기 위해 해야 할 일은 명확하고 단순하다. 죽은 음식에 돈을 쓰지 않고, 살아 있는 음식을 먹는 것. 이 원칙만 반드시 지키면 된다. 내가 오늘 무엇을 어떻게 먹었는지가 쌓여 반드시 다음 세대에 나타난다. 건강검진 같은 것으로는 절대 질병을 예방하거나 치유할 수 없다.

만약 어느 날 받아든 검진 결과가 나쁘더라도 절대 늦은 것이 아니다. 몸에 쌓인 독소를 완전 배출해주는 시간만 가져도 우리 몸은 반드시 자가 치유를 해낸다. 그런데 안타까운 것은 그토록 자기 믿음과 자기 확신이 강한 성공한 사람들도 대부분은 자기 몸에 대해서만큼은 믿음을 갖지 못한다는 사실이다. 그래서 자기 건강인데도 스스로 책임지지 못하고, 전문가에게 맡기고 더 좋다는 곳을, 더 큰 병원을 찾아 헤맬 뿐이다. 그러고선 플라시보 효과에 의해 몸이 치료되고 나면 다시 예전의 식생활 습관으로 돌아간다. 암 수술과 항암 치료를 끝낸 뒤에 쉽게 암이 재발하는 것도 다 이런 식생활 습관 때문이다. 그렇다고 건강 불안증과 건강 염려증에 빠져서도 안 된다. 검사 결과와 수치에서 벗어나야 진정한 건강 관리를 해나갈 수 있다.

사소한 습관의 변화부터 시작하라

모든 진실은 단순하다. 잘 쉬고, 잘 먹고, 잘 배출하고, 잘 자는 것이 인생에서 가장 중요하다는 사실뿐이다. 돈, 명예, 권력, 사회적 지위, 주위의 시선에 사로잡혀 스트레스를 받으며 살기에는 우리의 삶이 너무나 짧다. 동시에 아픈 채로 약물에 중독되기에는 주어진 시간이 얼마나 될지 아무도 모른다.

당신이 만일 모든 일에 앞서 건강 자산을 쌓는 것을 해나가기 어렵다면 작은 습관부터 바꿔보자. 예를 들어 일주일에 3일은 절대 술, 커피, 야식을 먹지 않는다. 흡연자라면 최소한 3개월에 2주씩은 금연을 해보자. 이렇게만 해도 많은 것이 달라진다. 이에 관한 더 자세한 방법은 4장에서 다루도록 하겠다.

나를 살리는
마음 습관

: 불안을 넘어 자유로워지는 연습

3

행복은
멀리 있지 않다

나는 재수를 하고, 30대 초반에 죽음의 공포를 경험했다. 내 몸에 대해 공부하기 위해 다시 대학생이 되고, 마흔 살이 되어서야 인생에서 무엇이 정말 중요한 것인지, 왜 우리는 괴롭게 사는 것인지, 어떻게 살아야 하는지를 술자리가 아닌 맨 정신에 논할 수 있게 되었다.

인생을 건강하게 일구고 싶다면 모든 게 돈과 연결이 되어 있다는 세상의 틀에서 벗어나야 한다. 키아누 리브스 주연의 영화 〈매트릭스〉처럼 실제 우리도 잘 짜여진 새장 안에서 나도 모르게 조종당하고 끌려다니며 살고 있진 않은지 생각해보라. 이런 생각을 하다 보면 마음이 허해질 수 있다. 그래서인지 모든 것을 버리고 세속과 인연을 끊은 채 산속으로 들어가 생활하는 사람들의 사연이 담긴 프로그램이 높은 시청률을 기록한다. 사람들은 여러 가지 사연을 안고 자연으로 들어가 사는 모습에서 무엇을 보고 싶은 것일까? 아마도 마음의 평온함을 닮고 싶은 게 아닐까. 즉 무언가에 쫓기지 않는 평화로운 삶을 동경하는 것일 테다. 마치 자신의 일상에는 그런 평온함이 존재하지 않는다는 듯이 말이다. 하지만 전쟁이 일상인 곳에서 사는 사람들조차 항상 불안 속에서 사는 건 아니다. 그 안에도 평화는 반드시 존재한다. 그렇다면 어떻게 해야 자신의 일상에 평온함이 깃들고, 마음의 평화를 얻을 수 있을까?

감사하는 마음이 기본이다

가장 먼저 감사함을 갖는 것이 시작이다. 뻔하다고 생각할지 모르지만 우리는 그 감사를 자주 놓치며 산다. 늘 비교하고, 더 많은 것을 갖고 싶은 욕망에 휘둘리기 때문이다. 자신에게 주어진 작고 사소한 것들에 감사할 수 있을 때 비로소 불안이 사라진다. 쉬워 보이지만 가장 놓치기 쉬운 것이고, 실천하기 어려운 것이다. 그러니 지금부터라도 의식적으로 그저 하루하루 별일

없이 무탈하게 지내는 것만으로도 충분히 잘 살고 있는 인생이라고 생각해보자. 그냥 주어지는 인생은 없다. 자기 스스로의 인생을 소중하게 여겨라. 지금 살아 있는 것도 당연한 일은 절대 아니니까. 나는 이 진실을 죽음의 고비를 넘기며 깨달았다. 그러니 건강한 지금 이 순간, 아무 일도 일어나지 않은 지금 이 순간에 감사할 이유가 충분하지 않은가.

다음으로 마음은 절대 한결같이 유지될 수 없다는 것을 인정해야 한다. 마음은 파도처럼 이리저리 흘리 다닌다. 사소한 말 한마디, 상황에 따라서 그때그때 달라진다. '내 마음인데 왜 내 마음대로 안 될까?' 생각해봐야 한다. 자기 마음이 왜 그런지 자기 감정의 변화를 알아차리며 그에 대응해나가야 한다. 그리고 내 마음의 변화를 알아차리기 위해서는 끊임없는 수행과 정진이 필요하다.

내 삶의 목적과 이유를 명확히 하라

다음으로 삶의 목적과 이유를 명확하게 해야 한다. 부자가 되면 행복해질까? 흔히 생존을 위해 살지 말고 삶을 위해서 살라고 말한다. 사실 현대를 사는 우리는 생존을 위해 먹는 생활보다는 어떠한 것을 먹느냐를 위해 살고 있는 수준에서 지내고 있다.

복지 사각지대에 놓여 있지 않는 한 굶어 죽는 일은 드물다. 하지만 사회 전반의 경제적 환경이 좋아졌다고 해서 모두가 더 행복해지는 것은 아니다. 빈부 격차와 갈수록 심해지는 양극화 현상으로 인해 현재의 2030 세대는 50년 전에 비해 행복지수가 현저히 떨어진다. 국민소득은 무려 300배나 높아졌는데도 말이다. 그들은 어렸을 때부터 공부 열심히 해서 안정적인 직장인이 되라고 강요받으며 자랐다. 모두가 좋다고 하는 길을 그냥 따라가고 있다.

물론 어린 시절에 삶을 바라보는 관점은 분명 부모의 가치관과 생활 환경에 영향을 받는다. 하지만 성인이 되어서도 다른 사람들의 삶을 보며 추종하는 경우가 너무 많다. SNS를 통해 만나는 인플루언서의 삶을 동경하고, 내가 가지지 못한 것에 대해 불만을 가지고, 불안해하면서 더 많은 것을 욕망한다. 다른 사람들은 모두 다 가지고, 하고 싶은 대로 모두 다 하는데, 나만 가지지 못하고, 하지 못하는 것처럼 비교하면서 박탈감을 느끼기도 한다. 삶의 목표를 어디에 두느냐에 따라 불안감은 계속 커져만 간다. 정해진 목표를 달성해도 무언가 끊임없이 새로운 것을 해야 하고, 다 잘해야 하고, 결국 완벽하게 해내야 한다는 강박에 시달린다.

목표 성취와 결과에 집착한 나머지 정작 그것을 왜 해야 하는지 이유를 잃어버린 채 그냥 폭주하는 셈이다. 우리가 숨 쉬고 사는 이유는 결코 비싼 가방을 들거나 유명 브랜드 옷이나 신발을 신기 위해서가 아니다. 그것을 먼저 기억하라. 그런 다음 내가 무엇을 하고 싶은지, 그것을 왜 해내고 싶은지 그 이유를 명확히 해야 한다.

경쟁하듯 살지 마라

일단 여기에서 다시 한 번 짚어보자. 당신은 정말 어떤 인생을 살고 싶은가? 스스로 진정 행복한 인생을 살고 싶다면 내가 하고자 하는 일이 욕심, 욕망, 탐욕에 의한 것은 아닌지 먼저 살펴보자. 하고 싶은 일이 생겼으면 그것을 하기 위해서 지금 하고 싶지 않은 일이라도 해내겠다는 마음가짐이 필요하다. 그저 하고 싶지 않은 일이 아니라 해야만 하는 일이라는 것을 스스로 자각하면 스트레스는 상대적으로 덜 쌓인다. 소위 말하는 명문대에 입학한 수재들이나 영재들이 스스로 목숨을 끊었다는 소식을 종종 접한다. 고생해서 목표한 바를 이루면 행복해질 줄 알았으나 결코 끝이 없음을 알고 허무함과 답답함에 안타까운 선택을 하고 마는 것이다. 지금 이 순간이 가장 행복해야 한다. 지금까지 살아온 당신의 삶이야말로 성공하고 축복받은 인생임을 깨달아야 한다.

우리는 계속하여 경쟁해야 하는 구조에서 살고 있다. 그런데 이건 결국 타인의 불행을 통해 내가 성공하는 세상에서 살고 있다는 뜻이다. 내가 1등을 하면, 누군가는 2등을 하고, 2등을 한 사람은 마치 실패한 것처럼 평가받는 체제에서 살고 있다. 근본적으로 이런 경쟁 체제에서 살아남겠다고 아등바등거리며 살 필요가 있을까? 이 역시 당신의 선택일 뿐이다.

지금, 이 순간에 집중하라

당신을 인생의 실패자로 살게 만드는 말들에 귀 기울이지 마라. 비교하고 경쟁하며 나를 갉아먹는 인생을 살 필요가 없다. 그들은 이렇게 속삭인다. "돈이 없는 삶이 가장 불행하다." "인생의 패배자로 사는 게 가장 비참하다." 이런 말에 흔들리지 마라. 한 귀로 듣고 한 귀로 흘려보내라. 열심히 최선을 다해 노력하고 도전했다면, 결과에 상관없이 그 과정을 후회하지 않는 마음만 가지면 된다.

죽어라 시간과 에너지를 쏟아부어도 안 되는 일이 세상에는 더 많다. 어떤 이에게는 그러한 일들이 계속 이어지기도 하고 누군가는 처음 시도했는데 한 번에 되기도 한다. 그러다 보니 운이 좋다거나 재수가 없다고 말하기도 한다. 하지만 인생은 운과는 아무 상관없이 흘러간다. 마른 하늘의 날벼락을 맞아도 누군가는 살고, 누군가는 죽는다. 이건 운이 아니라 그저 경우의 수로 나뉠 뿐이다. 나에게 주어진 삶이 얼마나 될지는 아무도 모른다. 그러니 경쟁하듯 나를 몰아붙이며 살지 말라. 주어진 하루에 감사하면서 행복하게 보내자. 1년 후, 3년 후가 아니라 지금 주어진 이 순간을 행복하게 살 수 있는 마음가짐이 필요하다. 지금 행복해야 나중에도 행복할 수 있다. 지금 이 악물고 죽어라 노력하는 게 불행하다면 시간이 지나도 삶은 절대 크게 달라지지 않는다.

단, 지금 행복해야 한다는 것이 결코 쾌락에 빠져 사는 것을 말하는 것이 아니란 건 잊지 말라. 즐거움이 크면 반드시 고통도 더 큰 법이며, 인생이란 이 두 가지 감정이 항상 공존한다는 것을 받아들여야 한다. 불안해하는 내 모습을 알아차리고 그 이유에 대해 조용히 마음의 소리를 들어보라. 나만 특별히 문제가 있다는 생각에서 벗어나 시간이 지나면 아무것도 아닐 일들로 지금 스트레스를 받고 있다는 걸 스스로 인지하자. 그것이 멀지 않은 곳, 바로 내 곁에 있는 행복을 찾는 방법이다.

다른 누구에게도
의존하지 마라

나는 돈이 없어서 굶은 적은 없다. 그렇다고 좋은 집에서 생활하며 지낼 만큼 여유가 있었던 것도 아니다. 처음 대학을 다닐 때는 기숙사 생활을 했고, 첫 직장인 은행을 다닐 때도 관사에서 지냈다. 이후에도 대부분 원룸 월세방에서 생활했다. 다시 대학에 들어가 약대를 다닐 때도 학자금과 생활비가 필요해 대출을 받았다. 부모님이나 주위에서 지원받을 수 있는 것들과는 별개로 아르바이트나 직장 생활을 통해 계속 충당했다. 약대 졸업 후 약국을 개업하면서도, 결혼을 위해 집을 얻을 때도 모두 대출의 비중이 컸다.

다른 이에게 인생을 내맡기지 말라

40대가 된 지금 돌아보니 흔하게 말하는 '대출도 능력이다'라는 말이 적용된 인생인 듯하다. 하지만 나는 돈이 있거나 없거나 돈에 얽매이지 않으며 살아왔다. 돈이 있으면 있는 대로 부족하면 부족한 대로 어떻게든 해결될 거라고 믿는다. 의식했던 것은 아니었지만 '돈을 벌려면 돈을 쫓지 말고, 집착하지 말라'는 말이나, '나는 부자가 될 거야'라고 항상 긍정적인 생각을 하라는 말을 그대로 실천하며 살았던 것인지도 모른다. 한 가지 분명한 것은 이렇게 긍정적인 사고는 근본적으로 자기 안에 스스로에 대한 믿음이 있어야 가능하다는 사실이다.

나는 이 세상에 나 혼자 남아도 살아갈 수 있다는 생각을 자주 했다. 외롭고 우울하고 힘들 때 발현된 방어 기제일 수도 있고, 생존 본능일 수도 있다. 어쨌든 어떤 순간이건 혼자서도 잘 살 수 있다는 생각을 무의식 깊이에 가지고 있었다. 엉뚱한 상상이지만 부모님이 어느 날 갑자기 돌아가셨을 때를 생각해보기도 했다. 처음에는 생각만으로도 눈물이 났지만, 결국 점점 더 단단해지는 내 모습을 보았다. 부모는 부모의 삶이 있고, 자식인 나는 성인이 된 순간부터 나의 삶을 살아야 한다는 걸 깨달았기 때문이다.

내 인생을 대신 살아줄 사람은 아무도 없다. 부모와 자식, 부부 사이, 친구, 주위에 소중한 인연들까지 아무리 중요해도 결국 내 삶의 주인은 나이다.

그런데 많은 이들이 자기 자신이 아니라 누군가에게 의존하는 삶을 산다. 이런 태도가 자기 인생을 괴롭고 힘들게 만든다는 것을 모른 채 말이다. 결정 장애가 만연해 자기가 먹을 밥인데도 무엇을 먹을지조차 결정하기 어려워한다. 검색만으로도 모든 정보를 접할 수 있지만 너무나 많은 정보로 인해 선택하지 못하고 누군가를 쫓아서 따라가는 삶을 산다. 이렇게 된 까닭은 여러 가지가 있겠지만 고도로 기획된 마케팅에 노출된 결과이기도 하다.

다른 사람에게 의존하게 되면 남 탓을 하면서 괴로워진다. 인생이라는 것 자체가 원래 뜻대로 되지 않는 것인데 마치 나만 되는 게 하나도 없다고 생각한다. 그러면서 점점 더 타인에게 의견을 구하고, 그에 의존한 의사결정을 하면서 정작 나 자신의 인생은 무의미한 것으로 만드는 악순환에 빠지고 만다. 그런데도 우리는 자꾸만 다른 사람에게서 답을 구하려고 한다. 점집을 찾아다니고, 타로점을 보고, 철학관을 찾아가는 것도 이런 심리 때문이다. 하지만 이런 것들은 순간의 위로를 줄지는 몰라도 그 어떤 발전도, 이득도 가져다주지 못한다.

내가 하고 싶은 방식대로 해내라

인간으로 태어나 주어진 삶이 다하는 그 순간까지 행복하게 살 수 있는 방법은 딱 하나이다. 바로 내가 하고 싶은 대로 하면서 사는 것이다. 때로는 하기 싫은 일이 주어질 수도 있다. 하지만 그럴 때에도 그 일을 자신이 하고 싶은 방식대로 해볼 수 있다. 회피하지 않는 것. 그것이 바로 행복으로 향하는 방법이다. 진정으로 자유로운 삶이란 하고 싶은 것만을 하는 삶이 아니다. 해야만 하는 일도, 하기 싫은 일도 할 수 있을 때 비로소 가능해진다.

이를 위해서는 나름의 훈련이 필요하다. 이 책에서 이를 위한 방법들을 여러 가지 설명하겠지만 간단하게 말하면 일단 내 마음의 변화를 알아차리는 훈련이 필요하다. 모두가 아는 것처럼 마음은 무형의 존재이다. 그만큼 시시각각 변화한다. 이 사실을 받아들이면 자신이 의지가 약하다거나, 변덕이 심하다거나 하는 자기 비하는 하지 않을 수 있다. 마음의 변화가 자연스러운 일임을 받아들이고, 그 변화의 폭과 횟수를 줄여나가라. 그렇게 한다면 당신의 일상이 휘둘리는 일도 줄어들 것이다. 그리고 스스로가 진정으로 원하는 것에 좀 더 온전하게 집중할 수 있을 것이다.

괴로움을 없애야
몸이 산다

전통 의학, 대체 의학, 보완 의학, 때로는 민간요법으로도 불리는 관점에서 볼 때 인간에게 가장 중요한 것은 마음이다. 불과 30~40년 전까지만 해도 먹는 것이 중요하다는 인식조차 없었으니 마음이 모든 질병의 출발점이라는 말을 얼마나 비과학적이고 말도 안 된다고 했을지는 불 보듯 뻔하다. 그런데 현재의 과학은 인간의 몸에 대해 10퍼센트, 특히 뇌의 작용에 관해서는 5퍼센트도 밝혀내지 못했다. 그 와중에도 그 중요성이 밝혀진 것이 우리가 먹는 음식과 어떠한 마음가짐을 갖느냐가 건강에 직접적인 영향을 미친다는 사실이다.

아무리 좋은 음식을 먹고 효과가 좋은 약물을 사용하더라도 그것이 독약이라고 생각하고 먹으면 몸에서는 실제 독약과 같은 반응이 일어난다는 것은 이미 밝혔다. 그렇다면 자기계발 전문가라고 말하는 이들은 모두 건강해야 마땅하다. 하지만 그들 중에도 건강을 잃는 이들이 있다. 이는 마음과 몸의 상태를 분리했기 때문이다. 긍정과 자기 확신을 통해 기적을 만들어내는 것은 가능하며, 그러한 정신 상태가 몸과도 연결된다는 것을 간과한 결과이다. 성공한 사업가들은 대부분 숫자에 민감하다. 바로 돈과 직결되기 때문이다. 그러다 보니 건강 역시 현대 과학이 제시한 검사 수치로만 판단한다.

마음의 불안이 없는 건강한 부자

요즘은 그래도 많이 달라졌지만 여전히 성공을 쫓으면서 건강을 간과하는 경우가 많다. 결국 건강을 잃고 나서야 그러니까 암 같은 중병을 진단받고서야 성공 법칙을 건강 관리에도 적용한다. 그런 이들은 명상, 단전호흡, 요가, 수행 등의 방법을 통해 기적처럼 완치를 하고, 이런 경험을 책으로 쓰고, 강연을 하고, 다시 돈을 번다. 그러다 또다시 건강을 잃는 악순환을 반복한다.

이런 인생이 과연 진정한 성공이라고 말할 수 있을까? 당신은 성공을 무엇이라 정의할 것인가? 나는 인생에서 가장 중요한 것은 마음의 괴로움이 없는 상태를 유지하는 것이라고 생각한다. 행복한 삶을 말할 때 모든 이들이 건강한 부자를 꿈꾼다. 많은 이들이 일을 안 하고 놀 수 있는 경제적 자유를 꿈꾼다. 그런데 그들이 만약 원하는 것을 얻는다면 정말 성공한 것이고 행복할 수 있을까? 단언컨대 나는 내가 그 어떤 재벌보다 더 행복하다고 확신한다. 돈이 많다고 해서 모든 것에서 자유로워질 수는 없다. 사회적 지위와 명예를 계속 유지하려면 많은 에너지를 소모해야 하기 때문이다.

나는 10여 년의 시간 동안 수많은 환자들, 특히 말기 암 환자들과 상담해오면서, 그리고 스스로 죽음의 공포를 극복한 경험을 통해 건강에 대해 이렇게 결론을 내렸다. 건강하다는 것은 마음의 괴로움이 얼마나 있느냐에 달려 있다고 말이다.

몸과 마음을 분리시키지 마라

우리 주변에는 평생을 몸의 통증과 증상들을 없애기 위해 약을 먹고, 수술을 하고, 그렇게 해도 완치되지 않아 계속 전국의 유명하다는 곳을 찾아 헤매는 이들이 상상 이상으로 많다. 그렇게 예방원을 찾아오는 분들 10명 중 8명에게 나는 이렇게 말한다.

"육체는 전혀 이상이 없는데 마음의 병이 깊어졌습니다."

그리고 그분들께 지속적으로 심리상담을 받으라고 권한다. 몸이 건강하다고 해서 마음이 건강하다는 보장이 없고, 몸이 불편하다고 해서 마음이 불안으로 가득 차 있다고 단정할 수 없다. 양팔이 없거나 양다리가 없는 상태에서도 행복한 가정을 꾸리는 부부가 있다. 아내나 남편 한쪽이 비장애인인 경우도 있고, 부부 모두 장애가 있는 경우도 있지만 그런 부부들의 공통적인 특징이 있다. 그건 얼굴에 웃음이 활짝 피어 있다는 것이다. 그들은 결코 자신의 몸에 심각한 문제나 장애가 있다고 생각하지 않는다. 그저 살아가는 데 있어 조금 불편할 뿐 해내지 못할 것은 없다고 여긴다. 그들은 비장애인들도 도전하기 힘든 여러 운동이나 활동들을 해낸다. 보통 이런 모습을 접할 때 사람들의 심리적 반응은 두세 가지로 나뉜다.

'우와 정말 대단하다. 내가 가진 몸의 문제는 정말 아무것도 아니구나. 힘내야겠다.'

'저렇게 지낼 수 있는 걸 보니 분명 집에 돈이 있거나 주위에 도와주는 사람이 있겠지.'

그도 아니면 '그냥 저런 삶은 나와 동떨어진 일이다'라고 치부하기도 한다. 그런데 이 세상에 나와 동떨어진 일이 얼마나 될까? 이 세상에서 있을 수 없는 일이란 없다. 누군가에게 일어난 일이라면 나에게도 일어날 수 있는 일이란 뜻이다. 사람들은 사고를 당하거나 질병에 걸린 다음에 '세상에 어떻게 나한테 이런 일이 생겼지?'라고 생각한다. 특히 암 진단을 받으면 '열심히 살아온 내게 왜 이런 시련이 왔는지 모르겠다'라며 현실을 부정한다. 그런데 이렇게 스트레스를 받는 순간 암세포는 급속도로 몸에 퍼진다. 마음가짐이 몸에 미치는 영향이 얼마나 큰지 안다면 이런 부정적인 마음을 먹지는 않을 것이다. 마음이 몸과 따로 떨어져 있지 않다는 걸 알기에 병원에서도 이제는 환자들에게 말기 암이라는 진단을 잘 하지 않는다. 예전 같으면 3개월 정도밖에 남지 않았다고 진단했던 환자들도 현대 과학과 의학의 예상을 벗어난 예후를 보이는 일들이 많아졌기 때문이다.

중요한 것은 살아 있다는 사실뿐이다

행복하고 건강한 삶을 살고 싶다면 이런 것들을 인지하고 몸과 마음을 따로 떨어뜨려 생각하지 말라. 건강을 잃은 상태라면 특히 더 그래야 한다. 엄마 배 속에 있을 때부터 생긴 유전적인 문제이든 후천적인 사고에 의한 것이든, 장기간 섭취한 죽은 음식들로 인해 암 진단을 받았든 중요한 것은 살아 있다는 사실뿐이다. 끝까지 포기하지 않는다면 내 몸은 다시 회복하기 위해 본래 가지고 있는 자연 치유력을 발휘하려고 최선을 다한다는 점을 믿어야 한다. 돈을 버는 것에만 믿음을 가질 게 아니라 먼저 내 몸에 대한 믿음을 가져라. 그러기 위해서는 반드시 인식의 전환이 이루어져야 한다.

자기 자신의 무한 능력을 믿어라

내가 눈이 멀어도, 팔다리가 없어도, 극심한 통증에 시달려도, 당장 병원에서 손쓸 수 없다고 시한부 판정을 받았더라도 그 괴로움은 누가 대신 짊어질 수 없다. 오직 당신 자신만이 지금 이 순간 마음의 괴로움을 없앨 수 있다. 그러니 이야기한 것처럼 일단 오늘 하루가 무료하고, 돈을 못 벌고, 아무 의미가 없다고 해도 사건 사고 없이 무탈하게 그냥 하루를 보낸 것만으로도 잘 살고 있다는 생각을 기본으로 마음에 새기자. 그것이 바탕이 되어야 한다. 그래야 어떤 상황에서든 더 나은 길을 스스로 찾아낼 수 있다. 아주 사소한 것들에 대한 긍정과 감사의 마음가짐이 바탕이 될 때 희망을 찾고, 목표를 향해 나갈 힘을 얻을 수 있고, 동기부여를 얻을 수 있다. 그래야 육체의 고통을 마약성 진통제로만 이겨낼 수 있다는 사고에서 벗어날 수 있다.

우리 인간이 가진 무한한 힘이 교육과 자본주의에 의해 억눌려 있다는 것을 기억하자. 본디 나라는 사람, 자기 자신에게 위대함과 무한한 능력이 있다는 것을 믿어라. 자신을 너무 과대평가하는 것은 경계하고 길가의 풀 한 포기, 꽃 한 송이처럼 살 수 있는 마음가짐이 필요하다. 쉬운 일은 아니다. 그렇기에 행복하게 사는 사람보다 괴롭게 사는 사람이 많은 것이다. 자신을 소중하게 여기되 한편으로는 특별한 의미를 부여하지 않는 평온한 상태를 유지해야 한다.

세상의 기준에
맞추려 하지 말라

우리는 살아가면서 어떤 계기를 통해 삶의 지혜를 얻고자 노력한다. 강연을 찾아 듣고, 책을 읽고, 끊임없이 무언가를 찾아 헤맨다. 마치 단박에 깨달음을 얻을 수 있을 것 같은 착각에 사로잡힌 채 말이다. 하지만 깨달음을 단번에 얻기 어렵다는 건 경험적으로 이미 알 것이다. 더구나 깨달음을 얻었다고 해도 그것을 유지하는 것 자체가 힘들다. 본디 마음이란 변화무쌍한 것이기 때문이다. 마음먹은 대로 일이 쉽게 되지 않는 것 역시 마찬가지 이유이다. 그런데도 우리는 끊임없이 무언가 완벽한 마음가짐과 태도에 집착한다.

당신은 부족하지 않다

흔히 새해가 되어 계획을 세우거나, 어떠한 일을 진행하거나, 결과를 얻기 위해 노력하며 '초심을 잊지 않겠다, 초심을 항상 떠올리겠다'라고 말한다. 물론 처음 먹은 마음가짐과 의지를 떠올리며 다시 불태우는 자세가 필요할 때도 있다. 하지만 조금만 깊이 들여다보면 이건 자신보다는 남들에게 보여주기 위한 표현일 가능성이 높다. 누군가에게 보여주기 위한 것이 아니라면 굳이 그런 말로 자신의 마음을 옭아맬 필요는 없을 것이다.

완벽한 사람은 없다. 따라서 완벽한 계획, 완벽한 마음가짐은 있을 수 없다. 그런데도 많은 사람들이 작심삼일인 자신을 보고 낙담한다. 계획을 거창하게 세웠으나 실천하지 못하고 계속 실패하는 모습을 보며 점점 자존감이 떨어지고 패배의식에 사로잡힌다. 내 열정, 노력, 의지, 간절함이 부족해서라고 스스로를 더욱 몰아세운다. 이것을 이루지 못하면 마치 인생의 루저가 되는 것처럼 자신을 초라하게 만든다. 이를 극복해야만 성공할 수 있다는 듯 말이다. 주변에서도 끊임없이 당신을 뒤흔든다. 극복할 방법을 알려준다며 각종 온·오프라인 강연 홍보문이나 영상 콘텐츠들이 유혹의 손길을 내민다. 그런데 생각하는 것처럼 정말 당신에게 열정이, 노력이, 의지와 간절함이 부족한가? 그렇지 않다. 당신이 그렇게 생각하고 있을 뿐이다.

비교를 멈추면 풍요로워진다

초심은 원래 바뀐다. 강조한 대로 마음이란 한결같을 수 없다. 절대로. 파도가 출렁거리듯 끊임없이 올라갔다 내려갔다 한다. 그 높고 낮음의 폭을 줄여나가는 것이 인생 공부이자 마음 공부이다. 진정한 성장은 이런 마음 공부를 통해 괴로움을 줄이는 것이다. 그런데 좋고 싫음, 즐거움과 고통, 행복과 불행 같은 감정의 격차가 크게 생기는 까닭은 남과 비교하기 때문이다. 나른 사람들이 좋다고 하는 것을 쫓아가면 마음은 불안해진다. 공부하는 앱부터 입는 옷, 타는 차, 사는 집까지 어찌 보면 나의 상황에 맞춘 내 인생의 기준이 아니라 세상이 만들어 놓은 이미지와 브랜드에 나를 맞추기 위해 노력한다.

바로 그 순간부터 마음의 괴로움이 시작된다. 세상은 언제나 갖고 싶은 욕망을 자극하고 허영을 부추기고 허세를 부리도록 만든다. 수백만 원짜리 티셔츠를 입어야 성공한 인생이라는 착각을 불러일으킨다. 그런 것들에 사로잡히면 내 마음을 더 건강하고 긍정적인 기운으로 채울 수 있는 이야기는 외면하게 된다. 예컨대 애서 수십 년간 폐지를 주워 모아 몇 억 원을 기부했다는 사연 같은 건 나와는 전혀 상관없는 일이며, 동시에 왜 저런 선택을 하는지 모르겠다며 하찮은 일로 치부하고 만다. 심지어 원색적으로 비난하고 바보 같은 인생이라고 말하기도 한다. 그렇게 사는 것은 정말 비효율적이고 비생산적이라고 말이다. 확실한 건 수천억 원의 자산을 가지고 있으면서 끊임없이 사치하고 자신의 부를 뽐내는 재력가보다 리어카를 끄는 그 할머니가 훨씬 더 마음의 괴로움 없이 산다는 것이다.

사람의 행복은 절대 부에서 오지 않는다. 내가 무언가 가지고자 하는 욕망에 사로잡혀 남들과 비교하는 삶에 빠지기 시작하면 불행에서 헤어나기가 쉽지 않다. 평생을 살아도 끝없이 자신의 처지를 비관하고 신세 한탄만 한다. 정작 남들은 모두 다 부러워하는 삶인데도 자신보다 더 돈이 많은 사람들과 비교하며 불행하게 산다. 행복한 성공을 이루고자 한다면 다른 사람들처럼 살려고 노력하지 말고, 내가 바라는 기준에 따라 내가 행복해지는 삶을 살기 위해 노력해야 한다. 그럴 때에만 끝이 있고, 만족도 느낄 수 있다. 그렇게 해야 내가 가진 것을 귀하게 여기고 나눌 수 있다.

나에서 너로 나누는 삶

여기에서 한 걸음 더 나아가 어떤 손익이나 이해관계를 따지지 않고 봉사하는 삶을 살 수 있다면 마음은 더 풍족해질 것이다.

어쨌든 최소한 봉사하는 삶은 아니더라도 남과 비교하고 따라하는 삶에서만 벗어나도 스스로를 괴롭히지 않으며 살 수 있다. 나에게 주어진 상황에 감사하고 만족할 줄 아는 내면의 힘을 가진 상태에서 끊임없이 성장하면서 내가 가진 것을 사람들과 나눌 수 있을 때 행복해질 수 있다. 일단 내 일상에서 작은 나눔부터 실천해보자. 전 재산을 기부할 목적으로 10년 후, 20년 후를 기약하지 말고 오늘 하루 커피 한 잔, 담배 한 갑, 술 한 병처럼 불필요한 소비를 줄이고 천 원씩 기부해보자. 그것만으로도 당신의 삶은 놀라울 정도로 한층 더 충만해질 것이다. 궁극적으로 나만의 신념을 세우고 끌려다니지 않는 삶을 살 수 있게 될 것이다.

마음속 불만과 화를
알아차리는 연습

화가 나면 조용히 마음을 가라앉히며 스스로 해결하는 사람이 있는가 하면, 분을 못 이겨 고래고래 소리를 지르고 날뛰는 사람도 있다. 나는 후자에 속했다. 나는 이 부족함을 깨닫는 데까지 40년이 걸렸다. 살아 있는 음식을 먹으면 살고, 죽은 음식을 먹으면 죽는다는 몸의 원리를 깨우친 다음에도 내 몸이 계속 아팠던 까닭은 바로 화 때문이었다. 화가 나면 괴로움이 생기는 것이 당연하기 때문이다. 그렇다면 화가 날 때 참는 게 나을까 혼자서든 주위에든 터트리는 게 더 나을까?

화라는 감정은 의학적으로도 화병이 인정될 만큼 몸에 미치는 영향이 크다. 즉 스트레스로 인한 마음의 병이 몸까지 지배한다는 것이고, 화를 계속 무작정 참다 보면 분명 화병이 된다. 그렇다고 화를 막 분출해서도 안 된다. 그냥 터트린다면 마음에 쌓이는 것은 없을지 몰라도 어느 순간 뒷목을 잡거나 심장을 부여잡으며 쓰러지고 말 것이기 때문이다. 다혈질인 노인들이 70세가 넘어서 뇌졸중이나 뇌경색, 심장마비를 겪는 것이 바로 이 화 때문이다.

화는 답답하고 억울할 때, 갈등을 겪을 때 생기는 감정이다. 인간이라면 누구나 화가 날 때가 분명히 있다. 예수님이나 부처님처럼 욕을 먹어도 웃고, 한쪽 뺨을 맞으면 다른 쪽 뺨을 내줄 수 있는 성인군자는 흔치 않으니 말이다. 물론 그렇다고 해서 내 성질대로 화를 다 터트리며 살 수는 없다. 함께 사는 세상이고, 내 화가 누군가에겐 상처가 될 수도 있기 때문이다. 게다가 요즘은 아무 때나 화를 내면 세상에 공론화되기도 쉽다. 때때로 SNS를 뒤덮는 갑질 논란 등이 아주 대표적인 경우이다.

마음 공부가 필요한 이유

나의 10대부터 30대까지를 돌아보면 내 의도와 상관없이 상처받았을 사람들이 많았으리라 생각한다. 그 정도로 하고 싶은 대로 언행을 했다. 때로는 건방지게, 때로는 안하무인처럼 느낀 이도 있었을 것이다. 나는 그게 리더십을 발휘하고 분위기를 띄우는 것이라고 합리화했을 뿐이다. 스트레스가 쌓이면 신경질을 내고 화를 벌컥벌컥 내는 내 모습을 자각한 것은 아픈 몸을 완치할 방법을 찾기 위해 본격적으로 마음 공부를 하면서부터였다. 그제야 나의 부족한 모습들을 깨달았고, 내가 가진 생각과 마음 때문에 몸까지 아프다는 걸 알게 되었다.

10여 년이 흐르고 수많은 이들을 상담해주는 시간을 보낸 지금도 사실 여전히 화는 난다. 다만 화를 참거나 폭발하는 상황이 현저히 줄어들었다. 주위에서 그 변화를 알아차릴 정도로 말이다. 이런 변화는 누구나 얻을 수 있는 결과이다. 물론 쉬운 일은 아니다. '세 살 버릇 여든까지 간다'는 옛말도 있지 않은가. 무의식과 습관이 세 돌 무렵이면 자리 잡기 시작한다는 뜻이고, 어렸을 때 형성된 성격과 습관은 바뀌기 어렵다는 말이다. 사람이 바뀌면 죽을 때가 된 거라는 말도 같은 맥락이다. 그리고 자기 감정에 대처하는 태도 역시 스스로가 만들어온 습관이다. 어린 시절부터 부모나 여러 환경에 의해서 만들어진 것이기에 쉽게 바꾸기 어려울지도 모른다. 하지만 화가 몸에 직접적으로 영향을 미치는데 내가 화를 내서 얻을 것이 없다면 습관적으로 화내는 일부터 줄여야 하지 않은가. 더구나 우리가 화를 내는 대상은 대개 부모, 가족, 친한 친구 등 나와 가장 가까운 사람들이다. 그들에게 상처를 주면서 화를 낸다고 한들 마음이 편해지지 않는다. 몸에도, 마음에도, 인간관계에도 도움이 될 게 없는 것을 계속할 이유는 없다.

감정도 습관이 된다

화를 잘 다스리려면 화를 잘 알아차리고 대처해야 한다. 일단 화가 나는 이유는 무엇인가? 당신이 평범한 인간이라면, 즉 성격장애를 가지고 있거나 사이코가 아니라면 대체로 부당한 대우를 받거나 억울하거나 황당한 일을 겪을 때 화가 나기 마련이다. 그런데 문제는 이 기준이 상당히 주관적이라는 데 있다. 상대방은 아무런 의도 없이 건넨 안부 인사 한마디 때문에 하루 종일 기분이 나쁘고 밤잠을 설치고 더 나아가 몇 날 며칠간 스트레스를 받기도 한다. 그러다가 인터넷에 사연을 올린다. '이러이러해서 기분이 나쁜데 내가 이상한 거냐 아니면 그 상황이 용납 안 되는 게 당연한 것이냐?' '그렇다면 지금이라도 그 사람에게 이야기를 해서 사과를 받아야 하느냐?' 하면서 다른 사람들에게 묻는다. 내 마음인데 내가 들여다보기보다 다른 사람들에게 맡겨버린다. 그러고서 용기를 내어 상대방에게 말하면 대부분은 허무하게 끝이 난다. 나만 속 좁고 옹졸하고 잘 삐지는 사람이 된 채로 말이다.

　결국 화를 내는 것은 자기 스스로의 마음을 어떻게 관리하는 가의 문제이다. 내 감정인데 다른 사람에게 맡겨버리지 말라. 화를 내서 나한테 도움이 되는지, 나를 해치는지도 내가 알아차려야 할 문제이지 절대적인 기준은 없다는 것을 기억하자.

　그렇다면 화를 어떻게 관리할 것인가? 먼저 감정도 습관이 된다는 것을 기억하라. 내가 화를 잘 낸다면 계속해서 화를 내는 습관이 몸에 익어 있기 때문이다. 이를 단번에 바꾸긴 어렵다. 사람은 바꿔 쓰는 게 아니라는 말처럼 성격이나 감정 습관이 바뀌는 건 정말 어렵고, 시간도 오래 걸린다. 평범한 사람들에게는 보통 1,000일 정도의 시간이 필요하다고 한다. 그런데 이 시간을 잘 견뎌내고 변화하면 아팠던 몸도 함께 좋아진다.

　이 습관을 바꾸기 위해서는 긍정적인 생각을 하려고 노력하는 것에 앞서 화가 나는 순간, 그 감정 자체를 알아차려야 한다. 화를 참는 것과 화를 알아차리는 것부터 구분해야 한다. 나도 모르게 습관적으로 화를 냈다면 그것은 화가 나는 마음의 변화와 감정의 흐름을 전혀 의식하지 못했기 때문이다. 화를 참기 어렵다면 우선 내 감정의 밑바닥을 자세하게 들여다보자. 먼저 내가 이러한 상태에 이른 원인을 살펴보자. 부모 때문인지, 다른 누군가 때문인지 혹은 트라우마로 인한 것인지를 살펴보는 것이다. 그런 다음 상대가 아닌 나를 위한 선택을 하면 된다. 예컨대 누군가 때문에 화가 났다고 해서 똑같이 대갚음하려고 마음 먹는 게 아니라 나 자신을 위해 상대를 용서해주는 선택을 하는 것이다. 즉 내 마음이 편안해지기 위해서 상대를 미워하기보다 이해하는 것이다.

화의 원인부터 알아차리고 선택하라

화를 알아차리기 위해서는 첫째로 누군가를 미워하거나 증오하거나 매사에 부정적인 사고방식이 자리 잡고 있지는 않은지 살펴봐야 한다. 그냥 할 수 있는 일도 습관적으로 불평불만을 늘어놓고 있지는 않은지 살펴봐야 한다. 나라는 사람을 정확히 알아야만 변화를 시작할 수 있다. 자신이 감정에 휩쓸리는 사람이라는 걸 마주하는 일은 두렵고, 외면하고 싶은 일일 수도 있다. 당연히 자존감도 떨어진다. 하지만 제대로 밑바닥까지 다 드러나도록 자신을 직시해야 변화를 도모할 수 있다. 나 역시 바닥까지 떨어지고 나서야 다시 성장할 수 있었다. 그 과정을 두려워해서는 절대 성공할 수 없다.

이렇게 자기 인식의 단계를 거치고 나면 어느 순간 화를 내기 전에 자기 모습을 알아차릴 수 있게 된다. '아, 지금 내가 화가 나는구나!' 하고 말이다. 이렇게 알아차리면 그다음은 내가 선택할 수 있다. 화를 드러낼 것인지, 아니면 그냥 화를 내지 않을 것인지 말이다. 이건 화가 나는데 무조건 참는 것과는 분명히 차이가 있다. 이렇게 한다면 화를 내도 감정 소모가 아니라 정당한 사유를 확인할 수 있게 마련이다. 화는 무조건 그냥 참으면 병이 되지만 이처럼 자기 선택에 의해 화를 내지 않을 때는 그만큼 스트레스도 줄어든다.

둘째로 자신이 불안하거나 초조한 상태가 아닌지 확인해야 한다. 불안하고 초조하면 신경질도 많아지고 쉽게 화가 난다. 앞서 이야기한 것처럼 불안이라는 감정은 자신이 설정해놓은 높은 기준점에 미치지 못할 때 생긴다. 자신의 깜냥에 맞지 않는 것을 원하는 것, 즉 내 욕심과 욕망이 너무 클 때 생겨난다. 인간관계에서도 내가 상대방에게 바라는 것이 너무 많을 때 서운함이 더 커지고, 상대방에게 해준 만큼 돌아오는 게 없다고 생각할 때 초조함이나 화가 쌓인다. 이렇게 화가 나는 마음의 변화를 알아차렸을 때는 물을 한 잔 마셔라. 말 그대로 물을 마셔서 불을 끄는 것이다. 스트레스를 받을 때 술이나 매운 음식 대신 우선 물을 마시는 것만으로도 경직된 몸의 긴장이 풀린다. 그렇게 하면 감정이 앞서지 않고 마음이 차분해진다. 단, 찬물이나 얼음물을 벌컥벌컥 마시지 마라. 이러한 것도 습관이 되어 자주 반복되면 결국 건강을 해칠 수 있다.

셋째로 심리적인 원인이 아닌 다른 이유 때문은 아닌지 확인해야 한다. 쉽게 신경질이 나고 감정 기복이 심한 것은 마음의 문제를 떠나 끊임없이 몸에 들어오는 인공 화학물 때문이기도 하다. 우리가 가장 쉽게 놓치는 것이 술, 담배, 커피의 영향이다. 커피는 부신이라는 콩팥 위에 있는 장기를 직접적으로 자극해 스트레스 호르몬인 코르티솔을 분비하게 만든다. 인위적인 카페인과 여러 화학 작용으로 인해 부신은 지쳐가고 콩팥 기능도 떨어진다. 이유 없이 화가 계속 난다면 모든 인공 첨가물에서 벗어나 자연에서 오는 채소·과일식을 시작해보라. 2주만 해보면 몸과 마음 모두 긍정적인 변화를 느끼게 될 것이다. 더불어 약을 복용하는 것도 다시 살펴볼 필요가 있다. 화학 첨가물도 몸에 영향을 미치는데 약물은 두말할 필요가 없다. 증상이 심하면 신경정신과에서 처방하는 약을 먹는데 만약 그 약을 먹어도 감정 기복이나 불면이 사라지지 않는다면 건강 기능 식품, 영양제 등 장기간 복용하고 있는 약부터 다시 점검해보라.

감정 관리는 욕망으로부터 자유로워지는 일

화를 관리한다는 것은 결국 나 자신의 몸과 마음을 위한 일이다. 하지만 기억할 것이 하나 있다. 부당한 대우, 예를 들어 육체적이든 언어적이든 정신적이든 폭력을 당할 때까지 참아서는 안 된다는 사실이다. 업무적이든 사적인 관계든 특히 가족 간의 관계에서 법적인 처벌을 받을 만한 상황이라면 반드시 단호히 대처해야 한다. 때로는 그런 상황에 함께 분노하고 공감하고 연대하며 이겨내주는 사람이 되어야 한다. 이때에도 나 자신을 극단으로 몰아가진 말자. 그런 사람이 되지 못하면 못하는 대로 그냥 내 삶을 받아들이면 된다. 그것으로 인해 스스로를 자학하거나 갈등을 겪을 필요는 없다.

지금까지 설명한 것은 화뿐만 아니라 모든 감정에 마찬가지로 적용된다. 가장 몸에 치명적인 감정이 화이기 때문에 집중해서 설명했을 뿐 슬픔, 우울, 답답함, 분노 같은 부정적인 모든 감정들도 이처럼 알아차리면 된다. 동시에 너무 기뻐서 날뛸 만큼의 감정들도 알아차리면 된다. 감정의 폭이 커서 널뛰기를 할수록 기쁨을 더 크게 느낄수록 슬픔과 분노도 더 커진다는 것만 기억하자. 본디 인간의 감정과 마음이 그러하다. 이러한 습성을 알고 훈련을 해가다 보면 자꾸 내가 술을 마시고 싶고, 담배를 피우고 싶고, 야식을 먹고 싶은 충동 역시 다스릴 수 있다. 이렇게 스스로를 제대로 관리할 수 있다는 것은 욕망으로부터 자유로워진다는 것이다. 우리는 지속 가능한 실천 방법을 알고 습관을 관리할 때 진정으로 건강하고 행복한 삶을 살 수 있다.

오늘 내디딘 한 걸음이
인생의 기적을 만든다

지구상에는 인간처럼 엄마 젖을 먹고 자라는 포유류가 약 5,000여 종이 넘는다. 그중에서 스스로 목숨을 끊는 동물은 인간이 유일하다. 그런데 죽을 만큼 힘든 상황에도 살아남는 것이 인간이 가진 삶에 대한 의지이다. 자살은 죽음을 인식하고 있는 인간이 자신의 삶을 스스로 마감하는 하나의 선택지로 볼 수도 있지만, 정신 질환의 형태 중 하나로 봐야 한다.

우리가 태어나는 데 이유가 없듯이 죽을 이유도 없다. 자연의 섭리처럼 태어나서 자연사이든 사고사이든 생명이 다하는 순간까지 그냥 사는 게 인생이다. 특별히 살 이유를 찾을 필요도 없는 것이다. 의미 부여를 하고 특별한 존재의 목적을 찾으면서부터 인간의 고통은 더욱 커졌다.

나의 기원을 찾아서

인간은 뇌의 발달로 인지 능력, 사고 능력, 도구 사용 능력 등 모든 분야에서 월등한 능력을 발휘하여 지구상 최상위 포식자가 되었지만 끝임없이 싸움을 지속해왔다. 결국 그로 인해 생태계까지 파괴하고, 대멸종의 시대를 앞당기고 있는 가장 어리석은 종이기도 하다.

이런 인간의 어리석음을 극복하기 위해선 어떻게 해야 할까? 스스로의 삶을 소중하게 아끼고 괴로움 없이 행복한 삶을 살려면 과연 어떻게 해야 하는가? 여러 가지 방법이 있고, 필요하지만 우선은 종교, 철학, 인문학적 공부를 시작해보는 것이 어떨까? 나라는 존재가 어디서 왔고, 호모사피엔스의 뿌리가 어디서부터 왔는지, 내가 지금 살다가는 이 시대에서 앞으로 어떻게 살아야 할지 책을 통해 공부해보자. 예컨대 종교에서는 어떻게 살아야 하고, 무엇을 중요시해야 하는지를 배울 수 있다. 종교는 여러 한계점과 문제에도 불구하고 인간 사회를 지탱해온 큰 힘이었고, 그 문화에서 많은 것을 배울 수 있다. 더구나 성경, 코란,

불경 등 모든 종교의 성서에는 이런 가치들이 여실히 담겨 있다. 그것을 어떻게 받아들이고 우선순위를 두며 사느냐는 오롯이 개인의 선택이다.

한편 종교에서는 기도를 중요시 여긴다. 무언가를 바라고 치성을 드리면 신이 들어준다는 원리이다. 기도에서 가장 보편적인 것이 백일기도이다. 100일이라는 숫자는 상당히 과학적인데, 우리 몸을 구성하고 있는 평균 60조에서 100조 개의 세포들이 사멸하고 새로 재생되는 평균 시간이기 때문이다. 그만큼 어떤 것이 변화하기에 충분한 시간이란 뜻이다.

사람의 습관이 변하는 데에는 평균 60일이 걸린다고 한다. 가장 짧게는 3일에서 5일, 그리고 변화를 느끼기 시작하는 기간으로 49일을 말한다. 전통 장례에서 5일장을 하고 49제를 지내는 것을 생각해보면 이해하기 쉽다. 현대 과학으로 절대 설명하기 힘든 부분이지만 육신에서 혼이 완전히 빠져나가기까지 5일이 걸리고, 그 육신에서 빠져나온 혼이 구천을 떠돌다 완전히 하늘나라로 떠나기까지 49일이 걸린다고 보았다. 종교적으로나 문화적으로 보면 우리의 육신이나 정신이 완전히 변할 수 있는 시간이 49일, 즉 7주가 걸린다는 걸 받아들인 셈이다. 그런데 현대 과학에서 보면 혈장이나 백혈구 골수 등 혈액과 림프액들이 새로 만들어지는 기간과도 연결 지을 수 있다.

적정한 선에서 계속해내는 힘

즉 49일은 무언가를 바꾸는 데 필요한 최소한의 시간이라고 생각할 수 있다. 무작정 장기간이 필요한 일만 해내려고 하지 마라. 무조건 의지만 가지고 버티려고 하지 말라. 우리는 인간이기에 언제든 도전에 실패할 수 있고, 작심삼일을 겪을 수도 있다. 그러니 작은 목표들을 세우면 된다. 내가 이루고자 하는 바를 온전히 얻고자 한다면 인생이란 항상 내 뜻대로 되지 않는다는 사실부터 받아들여라. 행복한 순간이 영원하길 바라기 때문에 그 순간이 지나면 고통을 더 느끼게 되지만, 행복과 고통은 함께 한다는 것을 알면 화가 덜 나게 마련이다. 이러한 마음가짐을 바탕으로 해나가고 싶은 것과 하기 싫지만 해야만 하는 일들을 자유롭게 해나갈 때 진정으로 성공한 인생을 살 수 있다.

우리는 학교생활을 하고, 사회생활을 해오면서 이미 어떤 상황에서건 잘 적응하며 살아갈 힘을 키웠다. 계속하고 잘 버텨내는 힘을 스스로 만들어왔다는 뜻이다. 다시 한 번 말하지만 고통스러운 상태 그대로를 버텨내라는 것이 아니다. 스스로 잘 적응해온 힘을 믿고, 자신의 삶을 바꿔나갈 수 있다는 것을 믿으라는 뜻이다. 그런 힘으로 꾸준하게 무엇이든 계속한다면 인생은 분명히 달라진다.

당신이 뭔가 바꾸고 싶다면, 무언가를 이루고 싶다면 일단 계속해보자. 우선은 작심삼일을 넘겨보자. 그리고 49일간 지속하는 것을 목표로 해보자. 금연, 금주, 운동, 독서 무엇이든 좋다. 도전한 횟수가 늘어나면 어느새 100일이 넘어갈 것이다. 특히 건강을 회복하기 위해서라면 죽은 가공식품에서 벗어나 살아 있는 채소, 과일, 통곡물, 견과류로 몸을 만드는 것을 49일간 계속해보고, 100일을 해보면 분명 변화를 느낄 수 있을 것이다. 여기에서 얻은 작은 성공의 경험을 기반으로 100일을 다시 1년으로, 궁극적으로는 1,000일, 즉 3년 동안 계속해보사. 당신은 분명히 해낼 수 있다. 이런 시간이 쌓이면 분명 삶은 긍정적인 변화를 맞이할 수 있다.

공부하는 힘이
삶을 단련시킨다

한약사가 되고, 책을 출간하고, 외부 활동을 하면서 나는 질문에
대한 답을 전해야 하는 입장으로 살고 있다. 그런데 내가 질문
에 답을 할 때 지키는 원칙이 한 가지 있다. 절대 친절하게 모든
것을 떠먹여주는 답을 해주지 않는다는 것이다. 왜냐하면 쉽게
얻은 답은 결코 깨달음이 되지 못하고, 실천으로 이어지지도 않
기 때문이다. 나는 이런 이유들로 인해 SNS 댓글을 통한 소통
은 전혀 하지 않고 있다. 더구나 내게 질문하는 것들은 대개 건
강에 관련된 내용이기 때문이고, 답을 해주는 데에 에너지를 너
무 많이 써야 하기 때문이기도 하다. 그리고 가장 중요한 이유

는 내가 공들인 에너지만큼 질문한 상대방에게 큰 의미로 전달되지 않기 때문이다.

쉽게 물어보는 것이 일상인 이들은 내가 들려준 답변과 다른 정보를 접하고 불안해지면 또다시 나와 다른 입장을 가진 전문가에게 질문을 한다. 사람들은 대개 자신이 듣고 싶은 이야기만 듣는다. 그것이 인간의 본성이다.

스스로 구한 지식만 지혜가 된다

나는 그래서 스스로 공부하고 실천하는 것을 돕고자 커뮤니티도 매우 철저하게 원칙을 지키며 운영하고 있다.

내가 운영하고 있는 네이버 카페 '조승우 채소·과일식 예방원'은 회원 수가 3만 명에 가깝다. 가입승인제, 개인정보인증까지 가입 절차부터 무척 까다롭다. 가입 질문에서부터 운영 규칙과 맞지 않을 때는 강제 퇴장 및 재가입이 불가능하다는 것을 고지한다. 가장 중요시하는 운영 규칙은 기초적인 질문을 하지 말라는 것이다. 책도 읽어보지 않고 공지사항과 기존의 글들을 찾아보는 노력조차 하지 않고 궁금증만을 조급하게 풀어놓으면 즉시 강퇴된다. 관리를 위해 첫 가입 이후 조건이 맞아야 글쓰기가 가능하도록 해놓았다. 다른 사람들에게 부정적인 기운을

강하게 전달하는 경우도 규제하고 있다. 자기의 사연을 구구절절하게 말하며 응원과 동정을 구하는 것은 다른 커뮤니티에서도 충분히 할 수 있다. 이렇게 까다롭게 운영하는 까닭은 스스로 공부하고 깨닫고 실천하는 모습을 공유하면서 자신으로 인하여 다른 누군가의 삶이 긍정적으로 바뀌는 것을 경험하도록 돕고 싶어서이다. 쉽게 말해 도움을 받으려고 하기보다 타인을 돕는 자세로 삶을 살아갈 때 인생이 더 가치가 있고 행복해진다는 것을 느껴보길 바라기 때문이다.

공부는 결국 스스로 책을 읽고 깨달았을 때 내 것이 되고, 이를 통해 인생이 달라진다. 공부를 좋아하는 사람은 많지 않다. 나 역시 공부를 좋아하는 것은 아니다. 독서를 좋아하냐고 질문한다면 역시 아니다. 다만 내게 필요하고, 원하는 것을 조건부로 공부하고, 독서를 할 뿐이다. 보통 석사나 박사 학위 논문을 써내기 위해서는 관련 자료나 서적을 100권 이상을 보고 분석해야 한다. 책의 종류에 따라 다르겠으나 책 한 권을 집필하기 위해서는 보통 30~50권 정도를 읽고 자료 수집을 해야 한다.

독서 습관이 첫걸음이다

나는 지금까지 《채소·과일식》,《완전 배출》,《어린이를 위한 채소·과일식》,《완치 비만》을 펴냈고, 지금 당신이 읽고 있는 이 책까지 총 5권의 책을 집필했다. 그 과정에서 최소 100권 이상 의 책을 내 것으로 만들었고, 그것이 나 자신의 인생을 바꾸는 원동력이 되었다.

실제로 자기계발에서 독서의 중요성은 매우 중요하게 다뤄 진다. 독서가 효과적이라는 것을 보여주는 수많은 사례가 존재 하고, 많은 이들이 독서를 통해 인생이 달라진다고 말한다. 하루 에 한 권씩, 3년간 1,000권의 책을 읽는 도전을 하는 이도 있고, 1만 권의 책을 읽으면 뇌의 구조가 바뀐다는 연구 결과도 있다. 아무튼 책을 읽는 것은 그 자체만으로도 충분히 가치가 있고, 삶을 더욱 충만하게 만들어준다.

책을 읽는 방법은 자기에게 잘 맞는 방식을 따르면 된다. 시 중에는 독서법에 관한 책도 많이 나와 있다. 빠른 속도로 여러 번 읽어도 좋고, 시간이 걸리더라도 제대로 읽는 것도 좋다. 어 떤 방식이 더 좋은지는 자신만 안다.

어떤 방식으로든 일단 읽어라. 물론 독서가 익숙하지 않은 사 람은 어떤 책을 먼저 읽어야 할지 막막할 수 있다. 그래서 내가 읽은 책 중 추천도서 목록을 부록으로 소개한다. 이 중 무엇이 든 읽어보자. 이 목록을 소개하는 까닭은 나 역시 어떤 책을 읽 어야 할지 찾아다녔던 시간이 너무 길었기 때문이다. 소개하는 추천도서 중 10권만 읽어도 성공이다. 일단 읽기 시작하면 무엇이든 할 수 있다. 나만의 독서 습관을 만드는 것을 시작으로, 자신에게 필요한 공부를 할 수 있고, 그것이 인생을 다른 길로 인도해줄 것이다. 그 어떤 핑계도 필요하지 않다. 일단 읽기 시작하면 길은 스스로 찾을 수 있다.

추천도서 목록에는 자기계발, 고전, 인문학, 소설, 에세이, 역사, 건강 등 다양한 분야의 책들이 포함되어 있다. 베스트셀러도 있고 아닌 것도 있다. 한 권을 다 읽기 어려운 책도 있다.《코스모스》,《우리 본성의 선한 천사》처럼 아주 두꺼운 책도 있다. 읽기에 부담스럽다고 주저하지 마라. 끝까지 다 읽지 못해도 괜찮으니 일단 시작해보자. 읽다가 너무 힘이 들면 다른 책을 집어들어도 상관없다. 여러 가지 책 중에서 나와 맞는 책을 먼저 읽으면 된다. 분명 책장이 잘 넘어가는 책이 있을 것이다.

모든 부담을 내려놓고 읽어라. 반드시 읽어야 하는 책은 없다. 소설이라고 해서 처음부터 끝까지 읽을 필요도 없다. 한 권을 완독하고 다른 책을 읽어야 할 필요도 없다. 나 역시 이 책, 저 책을 왔다 갔다 하며 읽는 것을 좋아한다. 그래서 나의 첫 책이자 10만 부가 넘게 팔린 베스트셀러《채소·과일식》은 어떤 부분을 읽든 상관없도록 쓰려고 노력했다. 당신이 지금 읽고 있는 이 책도 마찬가지이다.

중요한 것은 독서하는 일 그뿐이다. 다른 사람이 필독서라고 해서 내게 어려운 책을 잡고 있는 데 시간을 쏟기에는 읽어야 할 책이 너무 많다. 때론 관련 서적 30~50권의 핵심 메시지를 한 권으로 잘 요약한 책을 읽는 것이 더 효과적이다. 차근차근 내게 잘 맞는 책을 찾아가보자. 책에 대한 정보를 찾아보는 것도 좋은 방법이다. 요즈음은 서점이나 도서관의 정보가 잘 정리되어 있으니 이를 활용하면 시행착오를 줄일 수 있을 것이다.

완벽을 추구하기보다 일단 실행하라

핵심은 스스로 공부하려는 의지를 품는 것이다. 요령, 융통성, 효율이 중요한 것은 사실이지만 그것조차 결국 내가 실행하느냐 여부에 달려 있다.

독서든 공부든 일단 시작하자. 완벽하게 해내려고 할 필요는 없다. 어떤 일이건 에너지를 효율적으로 사용하면 된다. 흔히 말하는 100점 만점을 추구할 필요가 없다. 나는 고등학교 졸업과 재수 시절 이후에 모든 시험은 항상 평균 80점이 목표였다. 첫 대학인 경영대는 B⁺, 두 번째 대학인 약대는 평균 B학점으로 졸업했다. 각종 자격증을 취득할 때도 항상 80점을 목표로 했다. 한약사 면허시험이나 국가 자격증 같은 경우 합격 기준 점수가 평균 60점일 때에는 70점이 나올 만큼만 에너지와 시간을 쏟았다. 90점이나 100점을 맞는다고 해서 내 인생이 결코 크게 달라지지 않는다는 것을 알기 때문이다. 동시에 거기에 쓸 에너지를 다른 곳에 꼭 다 쓰지 않더라도 삶 자체를 여유 있게 사는 게 훨씬 행복하다는 것도 안다. 아무것도 하지 않는 것이 매일 치열하게 살다가 갑자기 아파서 병원 생활을 하는 것보다 더 남는 일이기 때문이다.

치유하고 성장하는
글쓰기

돈을 벌기 위해 은행을 뛰쳐나와 해외 체류 후 사업을 시작했고, 그 와중에 죽음에 대한 극한의 공포를 느꼈다. 그 공포를 극복한 뒤 약대에 진학해 몸과 마음에 대한 공부를 시작했다. 이런 일련의 일들을 겪으며 내게 목표가 하나 생겼는데, 바로 책을 쓰는 것이었다. 약대 3학년 때부터 한약사 면허 취득보다 내가 공부하고 깨달은 것을 주위에 알리고 싶은 마음이 더 커졌고, 그러기 위해서는 책을 쓰는 것이 가장 좋은 방법이라고 생각했다. 사실 나는 공부하는 걸 그다지 좋아하지 않는다. 당연히 책 읽는 것도 좋아하지 않는다. 그래도 다행인 것은 초등학교 때까지 많은 책을 읽었고 동시에 만화책을 엄청 많이 봤다. 누군가 취미를 묻는다면 만화 보기, 지금은 웹툰 보기라고 할 만큼 매일 웹툰을 본다. 이런 이야기를 하는 까닭은 내가 그만큼 쉽고 이해하기 편한 책을 선호한다는 것을 밝히기 위해서이다.

생각보다 강력한 글쓰기의 힘

하지만 내가 선택한 길은 공부를 많이 해야만 하는 분야였다. 양약과 한약 모두를 공부하다 보니 영어와 한자 등 온통 외워야 할 것 투성이었다. 가장 괴로웠던 것은 현실에 필요한 공부와 시험을 위한 공부의 괴리가 너무나 크다는 사실이었다. 한약사 면허증을 취득하기 위해서는 해야만 했던 일이었기에 4년이라는 시간을 묵묵히 보냈다. 때로는 끝까지 버티는 사람이 최후의 승자라는 말이 맞기도 하다. 그 시절 스트레스를 글로 푸는 습관이 생겼는데 버티는 하루하루를 일기로 썼다. 휴학하고 싶었을 때도 그랬고, 이론적인 것들이 무슨 소용이 있나 하며 시험을 위해 무작정 외울 때 받는 스트레스도 글로 풀었다.

글쓰기의 힘은 생각보다 강력하다. 특히 마음 공부를 하고 수행하는 데 독서와 글쓰기만큼 좋은 방법은 없다. 세상이 바뀌고, 인공지능이 자유자재로 글을 창작하는 시대가 되었다지만, 결국 인간만이 할 수 있는 일이 있고, 그것은 생각하는 힘을 길러야만 해낼 수 있는 일이다. 그래서 우리에겐 끊임없이 자신의 이야기를 적어내는 일이 필요하다. 글쓰기에 대한 부담감을 내려놓고 그냥 써보면 된다. 독서, 음악 감상, 영화, 다큐멘터리 감상 등 여러 공감각적인 자료들을 많이 보는 것이 글을 쓰는 데 도움이 된다. 이런 과정은 그냥 단순히 흘려보내서는 의미가 없고, 자신의 마음을 잘 돌보며 정진하는 데 도움이 되는 적절한 방법을 찾아야 한다.

글쓰기 멘토를 찾아서

건강 공부와 마음 공부에 빠지고, 운동에 매진하는 경험을 하고 나니 나는 내가 겪은 것들, 내가 알고 있는 것들, 공부해서 깨달은 것을 사람들에게 전하고 싶었다. 책을 쓰고 싶은 열망이 생겨났고, 책을 쓰기 위한 도전을 시작했다. 내가 그 분야의 전문가가 아니니 도움을 줄 사람부터 찾아 나섰다. 책 쓰기 코칭을 검색해 당시 가장 유명한 분의 설명회에 참석해보았다. 하지만 여기에서 시작해야겠다는 확신은 들지 않았다. 누구보다 유명했고, 본인 책도 230권이나 출간한데다 무수한 이들이 첫 책을 이분과 함께 냈다고는 하지만 내게 맞다는 확신이 들지 않는다면 다음 선택지로 가야 한다고 생각했다.

그다음 찾아간 사람은 대기업 연구원 출신으로 퇴사 후 도서관에서 3년간 1만 권의 책을 읽은 스토리를 가진 책 쓰기 코치였다. 그분의 저서는 독서법에 관한 것이 많았고, 그중에서도 속독법을 다루는 것이 나와 결이 맞았다. 그는 10년간 100권이 넘는 책을 출간했으니 한 달에 한 권꼴로 낸 셈이었다. 다작은 절대 이기지 못한다는 말이 맞다고 느껴졌다. 그렇게 국가고시를 준비해야 할 여름 방학에 전주에서 서울 강남을 오가며 속독법 강연을 듣고 거기에 감복해서 결국 책 쓰기 코칭까지 받았다. 당시 1,000만 원 정도의 정말 큰돈을 쓸 만큼 열정적이었다. 이분께 직접 코칭을 받지는 못하고 시스템에 녹아 들어간 구조에서 공식에 맞추어 책 쓰기에 돌입했다. 그렇게 내 첫 책의 제목은 '100일간 100권을 읽으면 달라지는 기적의 독서법'이 될 뻔했다.

하지만 첫 책을 이렇게 쉽게 낸다는 것이 마음에 걸렸다. 아쉬웠지만 공부를 한 셈치고 다른 코치를 찾아 나섰다. 공장에서 찍어내듯 책을 쓰고, 작가가 되는 것보다는 제대로 된 글쓰기, 책 쓰기를 배워보고자 새로운 코치님께 내가 써왔던 일기와 그간의 사연을 무작정 메일로 보냈다. 과연 내가 작가가 될 만한지, 남들이 읽을 만한 책을 써낼 재능이 있는지 물어보았다. 감사히도 만남을 허락해주셨다. 지금도 기억난다. KTX 오송역의

한 카페에서 처음 만난 순간을 말이다. 그렇게 다시 6개월간 글쓰기와 책 쓰기를 배웠다. 글쓰기를 본격적으로 제대로 배우며 나는 책으로만 공부하는 데에는 한계가 있고, 현재의 내 상태를 객관적으로 확인해줄 전문가와의 상담이 분명 필요하다는 것을 느꼈다. 목포에서 홍대까지 매주 다니며 예방원 사업에 대한 코칭까지 받았다. 코치님께서는 최소한 1년은 예방원을 운영해본 다음에 그 경험까지 책에 녹여내라고 조언해주셨다.

당시 나는 열정이 넘쳤다. 지금 생각해도 어디서 그런 열정이 나왔나 싶을 정도였다. 이때 나올 뻔한 내 책의 제목은 '피터너가 되라'는 자기계발 서적이었다. 어떠한 상황에서도 목표한 바를 향해 어떻게든 나아가는 피턴 운전법에서 따온 키워드였다. 그렇게 내 책 쓰기는 독서법에서 자기계발 에세이로 다시 최종적으로 다이어트와 음식에 관한 주제로 넘어가면서 시일이 흘렀다. 거기에 예방원을 운영하는 데 집중하고, 결혼까지 하게 되면서 책 출간은 점점 멀어졌다.

꾸준하게 공부하고 준비하면 무르익는다

시간이 흐르고, 결혼을 하고, 육아를 하다 보니 더 이상 출간을 미루면 안 될 시기가 왔다. 최종적으로 내 첫 책은 30대 작가 중 가장 많은 책을 출간하고 작가를 배출해낸 코치님과 함께하면서 출간되었다. 그분과의 인연은 약대 재학 시절 특강을 오셨을 때 찾아가 인사드리고 함께 시간을 나누면서 시작되었다. 이후 돌고 돌아 5년 만에 서울로 찾아뵙고 도움을 청했다. 그렇게 다시 시작한 지 4개월 만에 출판사에 투고를 마쳤다.

그렇게 처음 시작했을 때부터 첫 책이 나올 때까지 7년이란 시간이 걸렸다. 약대를 다니면서 받았던 학자금 대출과 생활비 대출은 고스란히 모두 책 쓰기 코칭 과정에 들어갔다. 여기에 예방원을 운영하면서 생긴 대출이 더해지고 나서야 책이 세상에 나온 것이다. 누가 보면 도대체 왜 그렇게까지 했냐고 물을지도 모른다. 하지만 이런 노력과 투자, 시간이 더해졌기에 단순하면서 자연스러운, 그리고 가장 효과적인 건강 서적이 나올 수 있었다고 생각한다. 내가 알고 있는 것에 자만하지 않고, 내가 많이 안다는 것을 뽐내지 않으면서 독자에게 진실을 전달할 수 있는 책을 쓰기 위해서 정말 많은 시간과 노력이 필요했다. 가장 중요하게 여긴 것은 쉽게 읽을 수 있고 실천할 수 있는 건강 서적이었다. 이런 노력 덕분인지 《채소·과일식》은 1년 만에 10만 부나 판매되었다. 나는 이게 단순히 운이 좋아서라고 생각하지 않는다. 책을 내는 데까지 들어간 시간과 노력은 내게 배움의 의지를 더욱 북돋아주었고, 또 이렇게 나온 책을 더 많은 사람들에게 알리기 위한 노력을 게을리하지 않았기에 얻은 결과라고 생각한다.

하루하루의 경험이 중요한 자산이다

나는 책이 나온 후에도 홍보를 위해서 직접 유명 북튜버들에게 연락을 취하고, 책을 보내고, 유튜브 채널에 출연했다. 덕분에 1년이 채 안 되어 통합 누적 조회 수 1억 뷰가 넘는 반응이 있었고, 공중파에도 출연하게 되었다. 최선을 다해 악착같이 살아왔다고 생각하지는 않지만 10년이라는 시간이 반영된 결과가 나왔다. 이후 출간한 3권의 책들도 모두 베스트셀러가 되었고, 20만 부 이상 판매된 베스트셀러 작가 대열에 이름을 올렸다. 책을 내고, 홍보와 마케팅을 위해 뛰어다닌 시간을 통해 나는 한약사라는 면허가 주는 단순한 직무와 직능을 뛰어넘어 결국 자연 치유 요법 전문가가 될 수 있었다. 그리고 이제는 처음 쓰고자 했던 자기계발 건강 에세이까지 쓰게 되었다. 꾸준하게 공부하고 노력과 시간을 투자했기에 가능했던 일이다. 그러니 당신도 한 분야에 있어서 목표한 바가 있다면 성장하는 데까지는 재능과 상관없이 3년이라는 시간이 필요하다는 걸 기억하자.

또한 자신의 일상을 매우 중요하게 여겨야 한다는 것도 기억하자. 임신과 출산, 그리고 육아의 경험을 직접 하지 못했다면 내 책에 담을 생각조차 하지 못했을 것이다. 힘든 시간이나 하루하루 그냥 보낸 시간들이 아무 의미 없이 느껴질 수 있지만, 그 시간들이 존재해야만 현재의 내가 있다. 당장은 답답하고 조급한 마음이 들더라도 특별한 사건, 사고 없이 하루를 살아낸 것만으로도 자신을 칭찬해주자. 그리고 하루하루 당신이 해낸 일들을 기록해보자. 그렇게 하면 평범한 일상에 의미를 부여할 수 있게 되고, 감사한 마음으로 시작과 끝을 맺을 수 있다. 그러한 습관이 쌓이면 복잡하거나 중요한 일들을 해내야 할 때 글이나 생각으로 우선순위를 정리해보고 상황을 헤쳐나갈 힘이 되어줄 것이다.

한계를 짓지 말고 나아가라

더불어 하루하루 성장하고자 하는 의지가 있다면 주위에서 아무리 말리더라도 신념을 가지고 밀어붙이는 힘도 가져야 한다. 내가 책을 쓴다고 했을 때 부모님조차 말리셨다. 쓸데없는 데에 시간과 돈을 낭비한다고 말이다. 하지만 글을 쓰면서 얻는 위안을 포기할 수 없었고, 배움에 대한 의지, 내가 알고 있는 것을 나누고 싶은 의지를 꺾을 수 없었다. 그래서 시간이 걸려도 꾸준히 밀고 나갈 수 있었다. 사람들은 가끔 자기가 처한 환경이나 조건들을 앞세워 하지 못하는 이유나 핑곗거리를 찾는다. 그런데 역설적으로 가장 원고 정리가 잘 되던 때는 100일이 갓 지난 아들에게 밤새 젖병을 물리고, 안고, 달래고, 재우며 글을 쓰던 때이다. 사실 지금은 그때보다 글쓰기에 더 좋은 조건이지만 그때만큼의 집중도가 나오지 않는다. 결국 모든 것은 마음먹기에 달렸다. 나 같은 사람도 글을 쓰고 책을 내 베스트셀러 작가가 되었다. 그러니 당신도 원하는 일을 충분히 이룰 수 있다.

핵심은 자신의 한계를 설정하지 않는 것이다. 그리고 부정적인 사고에서 벗어나는 것이다. 이것이 몸에도 적용되면 우리는 그 어떠한 약물의 도움 없이도 암도 이겨낼 수 있다. 단, 꼭 기억할 건 욕심을 부리지 않는 깃이다. 만약 내가 베스트셀러 작가도 되었으니 책 쓰기 코칭까지 해보겠다고 마음먹는다면 그것이야말로 욕심이다. 단순히 돈을 벌 목적이라면 성공할 수 있을지 모른다. 하지만 내 건강을 다시 해칠 것이 불을 보듯 뻔하다.

나는 이렇게 한 단계 성장했다고 믿는다. 한 번 한 실수를 계속해서 반복하지 않을 수 있으면 성장하고 있는 것이니 말이다. 이처럼 성장의 기준은 단순하다. 실패하더라도 도전을 반복하는 과정에서 결코 포기하지 않으면 그것이 쌓여 결과물이 눈에 보이는 시점이 반드시 온다. 그렇게 얻어진 결과를 두고 절대 운으로 치부하지 말자. 결국에는 확률 싸움이다. 많이 도전할수록 성공 확률은 높아진다. 그러니 포기하지 않으면 성공의 순간은 반드시 당신에게도 찾아온다는 걸 믿어라. 어차피 힘든 상황이라면 그냥 웃으며 사는 쪽을 선택하면 실제 웃을 일들이 찾아온다. 이게 미라클의 법칙이다.

지속 가능한
마음 수행법을 찾아라

내가 운영하는 한약 전문 약국인 예방원을 찾아오는 환자들은 전국을 돌아다녀도 치료하지 못해서 온 경우가 많다. 그중에는 특히 오랜 약물 복용으로 내성이 생겼거나 항암 치료 부작용으로 인한 만성 변비 환자들이 소개에 소개로 오는 경우가 꽤 많다. 예방원 운영 초기에는 한약을 조제해 드리고 그 효과에만 치중했다. 현재는 별도의 한약 처방 없이 상담을 통해 식생활 습관과 마음가짐을 바꾸는 것만으로도 한두 달 사이에 수십 년간 앓아온 변비, 두통 등 만성 질환에서 벗어나는 경우를 많이 본다. 이는 더 이상 기적이 아니다. 특히 평생 다이어트를 했지만 반복된 요요현상으로 인해 체중이 꿈쩍하지 않아 절망하던 분들도 3개월이 지나면 긍정적인 변화를 경험하게 된다.

약물이나 특정 기능 식품을 통해 순간의 증상 개선이나 체중을 감량하는 것이 아니라 지속 가능한 방법의 원리를 터득하고 그 방향을 알려주기 때문이다. 이를 위해서는 우선 자신의 몸과 마음에 대한 믿음이 필요하다. 반복되는 상황들로 절망을 느끼고 약을 안 먹으면 불안해하고, 다시 그 부작용으로 몸이 더 망가지고 마음은 점점 더 우울해진다. 그 악순환의 고리를 끊을 수 있는 용기와 믿음이 생기는 순간을 만들면 된다.

자기 인생의 주인이 되기 위해 버려야 할 것들

마음의 불안과 공포를 이겨내려면 나만의 지속 가능한 방법을 찾아야 한다. 사실 그 방법을 찾는 것은 어렵지 않다. 그런데 문제는 그 방법을 알고도 실행으로 옮길 용기나 결단력이 부족하다는 데 있다. 쉽게 움직이지 못하니 자꾸만 다른 사람에게 의견을 구하고, 다른 사람들이 하는 대로 하려고 하고, 의존하면서 결국 끌려다니는 삶을 살게 된다.

이렇게 되지 않으려면 주관을 가지고, 자신만의 방식으로 살아가야 한다. 때때로 삶은 서로 다른 것 같아 보여도 하나로 의미가 통하는 것들이 많다. 예컨대 회사에 절대 충성하지 말라는 말과 주인의식을 가지고 회사에 다니라고 하는 말은 서로 상충되는 것 같아 보일지 몰라도 본질적인 맥락은 하나이다. 바로 '자기 자신의 인생에 주인이 되라'는 말이기 때문이다.

자신만의 방식으로 살기 위해서 먼저 해야 할 일은 편견을 버리는 것이다. 자기 스스로 선택할 힘을 갖기 위해선 한쪽으로 치우치지 않고 수많은 의견이나 정보들 속에서 진실을 감별해낼 수 있어야 하기 때문이다. 인생의 모든 일들이 자신에 대해 잘 알아가는 과정에서 더 빛날 수 있게 마련이다. 건강 역시 마찬가지이다. 모두가 좋다고 하는 것이 아니라 여러 정보들에서 나에게 적합한 진실을 찾아낼 힘을 가져야 한다.

최근 유행하고 있는 MBTI나 동양의 오래된 문화인 사주, 관상, 점 그리고 서양의 타로카드와 같은 것은 재미로 즐기더라도 그것을 맹신하면 안 된다. 그것이 절대적이라고 믿어서도 안 된다. 나 역시 힘들 때 누군가에게 의존한 적이 있고, 한의학에 빠져들면서 자연스럽게 체질과 음양오행을 공부했고 사주, 관상도 공부하게 되었다. 그후 실제 상담할 때 그런 것을 활용하기도 했지만 나 역시 또 다른 선입견과 고정관념을 남에게 주고 있다는 걸 깨달았다. 이제는 이런 선입견에 휘둘리지 않고 타인에게 의지하지 않으면서 오롯이 스스로의 힘만으로 살아갈 수 있을 때 행복을 유지할 수 있다는 것을 안다.

나는 각자 자신에게 맞는 삶의 방식을 찾기 위한 시작으로 채소·과일식을 권한다. 인간이 본래 주식으로 삼았던 것으로 돌아가는 것만으로도 우리의 몸과 마음이 달라지기 때문이다. 그래서 운영하고 있는 예방원 카페 회원들에게 채소·과일식은 마음 수행이라고 항상 강조한다. 이런 방식이 기본이 된다면 무엇이든 지속해낼 힘을 얻을 수 있다. 예컨대 당신이 다이어트를 하고 싶다면 이런 마음 수행이 된 상태에서 시작해야 한다. 다이어트는 단순히 살을 빼는 일이 아니라 소비 중독에서 벗어나는 일이기 때문이다. 우리는 너무나 많은 유혹과 고도로 기획된 마케팅에 노출되어 있다. 그 결과 끊임없이 남과 비교하며 불필요한 소비를 하고, 그로 인해 몸과 마음이 피폐해지는 삶을 살고 있다. 그런 자신의 현재 상황을 명확하게 인식해야만 인생에서 진정한 행복이 무엇인지 찾을 수 있다. 소비와 집착, 탐욕을 벗어나 진정한 행복을 찾기 위해서는 매 순간 수행과 정진을 해야 한다. 궁극적으로 마음과 몸이 평안해지면 체중은 자연스럽게 적정 수준이 된다. 이것이 진정한 다이어트이다.

자존감을 쌓는 마음 수련

당신은 이미 무엇이든 해낼 힘을 가지고 있다. 착실하고 성실하게 학교생활과 직장 생활을 해온 것만으로도 무엇이든 할 수 있는 힘을 지닌 것이다. 그런데도 끊임없이 주변과 타인과 자신을 비교하면서 자존감이 떨어지고 불안해졌을 뿐이다. 인간은 기본적으로 자정 능력을 가지고 있다. 당신에게 필요한 것은 스스로의 힘을 깨닫고, 자신의 방식대로 살아갈 용기를 내는 것뿐이다. 인기, 명예, 돈은 아무리 많아도 근본적인 외로움을 해결해주지 못한다. 나라는 사람의 성격과 성질을 깨닫는 게 먼저이다. 이는 100일 정도의 시간이 필요하다. 그리고 오랜 시간에 걸쳐 형성된 습성을 바꾸는 데는 1,000일이 걸린다. 조급해하지 말자. 100일 단위로 계속 포기하지 않고 해나가면 된다. 단번에 마음 수련을 해내는 것은 어렵다는 사실만 기억하자.

몸과 마음을 단련하는 절하기

마음 수련을 하는 방법은 저마다 다를 수 있지만 나는 하나의 방법으로 절을 해보라고 권한다. 종교적인 의미를 떠나서 절을 하는 것은 장점이 많다. 첫째로 언제 어디서든 약간의 공간과 의지만 있으면 할 수 있는 일이다. 둘째로 운동 면에서도 최고의 효과가 있다. 그래서 변비나 관절 환자들에겐 꼭 해보라고 추천하고 있다. 셋째는 하기 싫은 마음을 육체적 단련을 통해서 극복해낼 수 있다. 넷째는 절을 하면서 감사, 용서의 문장을 말하면 자기 확신과 믿음을 무의식에 심을 수 있다. '나는 마음이 편안합니다. 내 몸은 아무 문제가 없습니다'라고 말해보자. 특히 미워하는 대상이 있다면 용서의 말을 담아보라. 가령 '아빠를 용서합니다. 아빠에게 너무나 감사드립니다'라는 문장을 말함으로써 마음의 괴로움이 사라지는 수행을 할 수 있다. 무리를 해서 하라는 것은 아니다. 처음에는 30회, 50회, 100회씩 횟수를 늘려가다 보면 한 번에 1,000배까지 해낼 수 있다. 그리고 그 순간 몸과 마음이 모두 편안해지는 것을 경험할 수 있을 것이다.

마음을 들여다보고 돌보는 명상

절을 할 수 없는 상황이라면 매일 명상하는 시간을 가져보라. 오늘 하루를 돌아보고 다시 시작된 오늘에 감사한 마음을 갖는 훈련을 해보자. 지속 가능한 행복을 얻기 위해서는 그에 상응하는 수행을 해야 한다. 모든 갈등은 아무 노력도 하지 않으면서 행복해지기만을 바랄 때 생겨난다. 이 역시 결국 당신의 선택이다. 물론 마음 수련을 한다고 해서 언제나 평온하진 않다. 나 역시 다양한 사람을 만나다 보면 그들의 언행과 관계 속에서 스트레스를 받는다. 이때 필요한 건 계속 강조한 것처럼 마음이란 언제나 무엇에든 영향을 받을 수 있고, 변화가 생긴다는 것을 받아들이는 것뿐이다. 그 강도가 더 깊이 파고들기 전에 알아차리고, 마음의 괴로움과 갈등이 깊어지기 전에 상대방, 혹은 환경을 탓하는 대신 내 마음의 문제로 인식하는 것이다. 이는 손해 보고 살라는 것도, 포기하라는 뜻도 아니다. 상황을 바꿀 수 없다면 내 마음을 바꾸는 일이 가장 쉽다는 것이다.

무언가 마음에 영향을 준다면 그 상황을 탓하기보다 내 마음을 가만히 들여다보라. 이런 방식이 몸에 익고 습관이 되면 오히려 그 어떤 상황에도 꺾이지 않고 자신이 하고 싶은 일들을 해내며 사는 삶을 지속할 수 있다. 그 가운데서 내가 하고 싶은 일들이 모두 다 이루어질 수 없다는 걸 알면 최종적으로는 다 잘 될 일들만 기억에 남게 된다. 괴로운 상황들은 더 이상 마음에 크게 담아두지 않게 되기 때문이다. 이것이 뇌 훈련법이다. 다시 한 번 강조하건대 마음의 괴로움이 깊어지면 결국 몸으로 나타나 온갖 질병에 시달리게 되고, 오직 증상을 없애기 위해 병원과 약에 의존하는 상황에 빠지고 만다. 내 몸을 해치는 일을 하지 않기 위해서라도 마음을 잘 돌봐야 한다.

고요함을 유지한다는 것

결국은 내 마음이고, 나의 자존감이 가장 중요하다. 내가 무엇이든 해낼 수 있다는 것은 그저 자만심이 아니다. 마음을 잘 들여다보는 힘, 세상이 녹록지 않음을 스스로 인정하고, 모든 일의 근원인 마음에 기대어 이를 잘 다독이면서 앞으로 나간다는 뜻이다.

현재의 우리는 시간의 산물이다. 당신의 오늘을 믿어라. 차곡차곡 당신만의 경험을 쌓으며 마음과 몸을 돌봐라. 그리고 스스로에게 온전히 집중해보자. 주위에 피해를 주지 않는 범위 내에서 내 잘난 맛에 살 수도 있으나 궁극적으로는 나 아닌 다른 사람의 인생에 영향을 받지 않을 때 지속 가능한 행복을 유지할 수 있다는 걸 꼭 기억하라. 가족이나 친구 사이 같은 인간관계나 일상에서 벌어지는 크고 작은 일들에 크게 감정이 동요하지 않게 될 때 진정한 마음의 평화를 얻게 될 테니 말이다. 즉 너무 작은 것에 집착하지 않으면서 동시에 너무 크게만 보지 않는 것. 바로 색즉시공 공즉시색이며 중도의 길이다. 어떠한 상황에서도 마음의 여유를 잃지 않는 것. 그것이 곧 평온한 마음의 안식을 얻는 방법이고, 지속 가능한 행복을 만드는 방법이다.

내가 매주 로또를
사는 이유

고등학교 때 얼마나 공부하기 싫었으면 나는 이런저런 상상을 하며 부모님께 이렇게 이야기했다.

"이렇게 매일 공부만 하다가 수능 시험날 전쟁이 나면 어떡해? 그냥 매일 로또를 사서 당첨이 되면 안 해도 되는 거 아닌가? 내가 로또 당첨되면 엄마, 아빠 1억씩 줄게!"

엄마는 웃을 뿐이었고 아빠는 항상 허황된 꿈만 꾸고 공수표만 남발한다고 핀잔을 주셨다. 그리고 고등학교 졸업 후 20년이 흐른 지금, 나는 매주 로또를 사는 습관을 가지게 되었다.

5년간 매주 한 주도 거르지 않고 다섯 게임씩 로또를 샀다.

물론 1등 당첨은 안 되었다. 내가 계속해서 로또를 사는 까닭은 단순히 1등을 바라고 일확천금으로 경제적 자유를 누리고 싶어서가 아니다.

천 원이 주는 행복

내게 로또를 사는 일은 천 원의 행복을 느끼는 방법이다. 설령 당첨이 안 되더라도 누군가를 돕는 기부 행위가 되니 기분이 좋아진다. 매주 천 원씩이면 1년에 약 26만 원의 돈이다. 10년이면 260만 원이 된다. 때로는 크고 작은 금액에 당첨될 때도 있는데 그런 것이 중요한 건 아니다. 로또를 사는 일이 중요한 까닭은 꾸준하게 무언가를 함으로써 나에게 긍정적 메시지를 전달할 수 있기 때문이다.

'매주 누군가는 1등 당첨자가 된다.'

더불어 무엇이든 꾸준히 하고 있다는 자기 암시가 된다. 아무것도 하지 않으면 절대 이루어지는 것은 없지 않은가. 매일 해내는 일에 따라 삶은 달라진다. 거기에 더해 삶의 재미와 희망도 느끼니 그것으로도 의미가 있다. 예전에는 복권을 사러 가야하는 귀찮음으로 못 살 때도 있었고, 복권 판매소가 눈에 띌 때에만 사기도 했다. 하지만 이제는 인터넷으로 편하게 살 수 있어서 더는 거르지 않는다. 주변에서 쓸데없는 짓을 한다고 핀잔을 주어도, 로또 추첨 자체가 조작이라는 말을 해대도 상관없다. 그저 내가 꾸준히 하는 행위 자체에 의미를 부여하는 것으로 충분하다. 일종의 나만의 의식이자 루틴을 만든 셈이다.

복권과 관련된 많은 이야기들이 있다. 당첨금 수천억 원을 몇 년 만에 탕진한 뒤 이혼하고 길바닥에 나앉은 이는 차라리 복권에 당첨이 안 되었다면 좋았겠다고 말하기도 하고, 도박, 술, 마약 등 쾌락에 중독되어 인생이 망가진 이들의 이야기도 많다. 그런 것들은 반면교사가 된다. 삶의 진리를 다시 한 번 확인하게 되는 것이다. 돈은 결코 행복의 필수 조건이 될 수 없다, 탐욕과 욕망으로 인한 소비와 쾌락은 결국 불행으로 이어진다는 그런 진리 말이다.

작고 사소한 나만의 루틴을 만들라

이처럼 내가 복권을 사는 것은 나만의 루틴을 행하는 일인 동시에 인생에서 가장 중요한 가치가 무엇인지 기억하는 행위이기도 하다. 언제든 나도 돈의 유혹에 빠질 수 있기 때문이다. 나 역시 한약, 책, 커머스 등 무언가를 파는 행위를 한다. 인간은 끊임없이 자신이라는 존재를 남에게 팔면서 살아간다. 그건 누구도 피할 수 없다. '살기 위해서 먹고, 먹기 위해서 움직인다'는 명제는 간단명료하다. 모든 사람은 세일즈맨이다. 그러니 언제든 돈을 쫓고 싶은 마음이 들 수 있고, 유혹에 넘어갈 수도 있다. 그런 마음의 흔들림을 무시하지 않기에 스스로 끊임없이 수행하고 있는 것이다. 혹자는 스스로가 무언가를 파는 존재라는 사실에 회의감을 느끼고 계산적인 모습에 염증을 느낄 수도 있다. 그런 이들은 속세를 떠나 수행자의 삶을 살면 된다. 세상에 나와 살면서 장사꾼이 되지 않겠다는 것 자체가 모순이란 뜻이다. 인간은 절대 고귀하거나 순진무구한 존재가 아니다. 다만 자연의 생명체로서 그저 주어진 대로 살지 않고 어떠한 삶을 살지 끊임없이 고민하고 성장하면서 나아가는 존재일 뿐이다.

그러니 자기 성장을 위해 매일 수행하고 정진하는 방법을 찾아라. 내가 명상을 하듯, 가장 손쉬운 방법인 로또를 사는 행위를 나만의 작은 의식으로 삼은 것처럼 당신도 간단한 자신만의 루틴을 만들어라. 나는 로또 당첨번호를 확인하면서는 두근거리거나 하는 긴장감은 전혀 느끼지 않는다. 당첨이 되길 바라지도 않고, 당첨이 되지 않았다고 실망하지도 않는다. 당연히 당첨금액에 따라 돈을 어떻게 써야겠다는 계획 같은 것도 세우지 않는다. 다만 가끔 당첨되면 당첨금을 찾으러 갈 때 주의해야 할 것을 상상하면서 혼자 웃곤 한다. 그저 작은 즐거움으로 삼는 것이다.

그리고 만약 그 주에 내가 로또를 사지 못했다면 스스로를 돌아본다. '내가 마음의 여유가 없었구나. 너무 쫓기면서 시간을 보내고 있구나'라고 말이다. 그리고 다시금 나를 돌아본다. '무엇 때문에 그랬던 거지?'라고 말이다. 결국 이 루틴이란 것이 내 인생의 페이스를 제대로 조절할 수 있도록 해주는 가장 손쉬운 방법이다. 당신도 너무 큰돈이나 에너지가 들지 않는 범위에서 자신만의 삶의 루틴을 만들어보라. 인생을 반추해보는 훌륭한 페이스메이커가 되어줄 테니 말이다.

일상에서
건강 자산을 쌓는 법

: 죽은 음식부터 버려라

4

음식으로 고치지 못하는 병은
약으로도 고치지 못한다

인간은 매우 연약한 육체를 가진 듯 보이지만 1500만 년에 걸쳐 지구상에서 가장 많은 종족 번식에 성공한 아주 강한 존재이다. 모든 생명체의 유전자는 본능적으로 번식을 추구한다. 존재의 이유는 다음 세대에 자신의 유전자를 넘기고 계속하여 살아남게 하는 것이다. 우주 대폭발인 빅뱅으로 시작되어 지구가 탄생하고, 오랜 시간에 걸쳐 대기권이 형성된 후 바다에서 드디어 생명체가 탄생했다. 박테리아로 불리는 세균에서 우리 인간 역시 시작된 것이다.

인류가 대체 언제, 어디에서 시작된 것인지에 대한 이 같은 끝없는 탐구는 여전히 현재 진행형이다. 인류 문명사를 1만 년 전인 농업 혁명 때부터로 정의해오던 것도 이제는 탐사 기술의 발달로 1만 년 이전에 이미 그리스의 신전과 같은 형태의 건축물이 존재했다는 것이 밝혀졌다. 기술의 발달로 인류의 역사를 다시 조명하게 된 것이다.

미지의 세계인 인간 수명

모든 것이 눈부신 발달을 이루었다는 증거이다. 하지만 그럼에도 우리는 여전히 모르는 것이 많다. 가령 인간의 수명에 관한 내용은 밝혀지지 않은 것이 많다. 성경에는 노아의 방주가 오기 전까지 인간의 수명을 990세로 기록하고 있으며, 동양의 아주 오래된 의학 서적들에도 본래 1000년을 살아오던 수명이 술과 지나친 성 생활로 인해 단축되었다는 기록이 등장한다. 유전자 염기 서열의 발견으로 현재 인간의 수명은 120세로 측정되는데, 이조차 대체로 장수할 때의 수명이다.

그렇다면 현재를 사는 인간의 수명에 영향을 미치는 것은 무엇일까? 1970년대까지만 해도 세계적인 암센터인 메모리얼 슬론 케터링 암센터Memorial Sloan Kettering Cancer Center, MD 앤더슨 암센터MD Anderson Cancer Center, 하버드 의대 등은 음식은 암을 유발

하는 원인과 아무런 상관관계가 없다고 했었다. 과학 기술의 발전과 세계 전쟁을 겪으면서 발달한 의학에 대한 맹신이 낳은 결과였다. 이후 술과 담배를 필두로 화학물질들의 유해성이 인정되기까지 100년이라는 시간이 필요했다.

신비로운 인간의 몸

식약동원食藥同源이란 말이 있다. 이는 음식이 곧 약이며 음식으로 고치지 못하는 병은 어떠한 약으로도 고칠 수 없다는 뜻이다. 이 말은 이미 2000년 전에 나온 말임에도 불구하고 모든 제약회사는 이를 부정해왔다. 그런데 이 음식의 힘에 대해 다시 생각하게 된 것은 기존의 치료 방식인 수술, 방사선 치료, 항암 치료, 약물 치료만으로는 인류의 사망 원인 1위인 암을 완치할 수 없다는 것을 인정하게 되면서이다. 제약회사와 병원의 이윤 추구와는 별개로 과학적 사실을 밝혀내려고 노력하는 메이요 클리닉Mayo Clinic, 클리블랜드 클리닉Cleveland Clinc과 같은 비영리 단체들이 존재한 덕분이기도 하다.

결국 인간에게 가공식품과 화학물질, 특히 약물이 치명적인 부작용을 가져온다는 것이 인정된 것은 1980년대에 들어서였다. 더불어 우리 인간의 몸은 생명이 위독한 부상이나 감염 상황을 제외하면 깨끗한 음식만 공급해주어도 스스로 치료하는 자가 치유 능력이 있다는 사실이 밝혀졌다. 그것이 바로 면역력이며, 이러한 면역력을 유지해주는 인체의 핵심 시스템이 림프시스템이다.

내 몸속 청소부

기본적으로 뇌와 심장 등 모든 장기와 근육 세포들에 산소와 에너지를 공급해주는 기능은 혈관을 통해 혈액이 해준다. 그리고 1차적으로 생기는 노폐물이 처리되어 혈관 옆에 자리한 림프관으로 보내진다. 림프관에서는 림프액이 청소부 역할을 하면서 최종적으로 몸 밖으로 내보낸다. 림프시스템은 인간의 면역체계에서 매우 중요한데 체내 혈액이 평균 5리터인데 비해 림프액은 약 15리터인 것만 봐도 그 역할이 얼마나 큰지 알 수 있다. 림프시스템을 통해 독소들은 림프주머니에 모이고, 여러 방법으로 몸 밖으로 배출된다.

우리 몸은 이처럼 유기적인 관계로 숨을 쉬며 움직이고 있다. 하지만 여전히 주류 건강 프로그램에서는 림프시스템의 중요성에 대해서는 잘 다루지 않는다. 혈액 순환이 중요하고, 혈관이 막히면 안 되고, 막힌 혈관을 뚫어주기 위해서는 건강 기능 식품을 먹어야 한다는 논리가 마케팅에는 더 유리하기 때문이다. 림프시스템은 스스로 정화하고 치유하는 기능이 있기 때문에 돈이 안 된다. 생각해보라. 아무것도 안 해도 우리 인간의 몸은 자연 치유 되는 능력이 있다는 걸 많은 사람들이 알수록 먹지 않아도 될 각종 영양제와 식품 사업에는 치명타가 될 수밖에 없지 않은가. 지금 우리는 안 먹어도 될 것, 먹지 말아야 할 것을 먹어서 아픈 것이라는 사실을 명심하라.

자가 치유의 원천, 림프시스템을 지켜라

인류는 오랜 시간 생존하면서 세균과 바이러스 등에 적응하고 이겨내어 최강의 유전자를 탄생시켰다. 문제는 몸속에 독소가 쌓이는 속도가 배출되는 속도보다 훨씬 빨라지면서 발생한다. 몸속에 독소가 점점 쌓이면서 염증이 생기고, 염증 반응으로 인해 열이 나기 시작한다. 열이 나는 것은 기본적으로 우리 몸의 면역시스템이 자가 치유를 위해 열심히 일하고 있다는 증거이다. 그런데 우리는 열이 조금만 나도, 통증이 조금만 있어도 진통제, 해열제, 소염제 등을 쉽게 먹는다. 그러는 바람에 림프시스템의 기능이 더욱 약화되고 만다. 우리는 현생 인류인 호모사피엔스가 등장한 700만 년 동안 한 번도 접해보지 못했던 화학

물질, 약물, 백신, 각종 환경호르몬에 노출되었고, 여기에 더해 인간이 결코 먹어본 적 없던 초가공식품들을 섭취하고 있다. 이로 인해 림프시스템에 비상이 걸렸다. 그나마 다행인 것은 우리 몸이 위대하기 때문에 이런 가공식품을 먹고도 우리가 멸종하지 않았다는 사실뿐이다. 오늘날 우리의 몸은 끊임없이 자신의 에너지를 소비하면서 싸우고 있다. 문제는 해독을 하는 핵심 장기인 간과 콩팥에 부하가 걸리기 시작하면서 림프주머니에 독소들이 점차 쌓이고, 그 크기가 1센티미터 이상 되었을 때 어느 날 갑자기 혹으로 발견되고, 악성 종양인 경우 암으로 진단된다는 것이다.

독소 완전 배출을 위한 미션

그런데 림프시스템의 역할을 하는 대표적 기관인 갑상선, 겨드랑이, 유방, 자궁 등에 생긴 혹은 일정 시간 독소를 완전 배출 해주면 짧게는 2주 안에도 사라진다. 불과 20년 전만 해도 무조건 갑상선을 완전 절제하고, 유방을 제거하고, 자궁을 적출하는 무자비한 수술 기법이 쓰였지만 이제는 이런 극단적인 방법은 점차 사라지고 있다.

여기서 반드시 알아야 할 것은 몸 안의 독소를 없애는 방법은 약물이나 건강 기능 식품을 먹는 게 아니라는 사실이다. 생각해보라. 소화하고 흡수하고 배출할 수 없는 인공적인 물질 때문에 몸이 병들었는데 여기에 또다시 약이나 영양제를 주입하는 것은 불에다 휘발유를 들이붓는 것과 마찬가지 아니겠는가.

암은 기하급수적으로 돌연변이 세포들을 증식시키는데 여기에 쓰이는 에너지원이 포도당이다. 현대 의학 기술에서 많이 사용하는 CT 검사는 포도당에 불소 성분의 조영제를 도포하여 암세포가 빛나도록 만들이시 확인하는 원리의 검사이다. 내 몸에 암이 있는지 궁금해서 몇 개월, 혹은 1년마다 CT를 찍다 보면 자그마하던 암세포들이 더욱 커져 없던 암도 생긴다는 것이 확인되었다. 엑스레이, CT, MRI 검사 모두 부작용이 따른다. 문제는 병원의 가장 주요한 수입원이 이러한 각종 검사 장비를 이용하게 만드는 것이라는 데 있다. 그래서 이제는 국가에서 나서서 젊은층과 고연령층은 불필요하게 검사를 하지 말라고 예방 수칙으로 알리고 있는 실정이다.

우리가 해야 할 일은 하나이다. 내 몸에 이상이 생겼다고 느낀다면, 혈액검사 수치가 나쁘게 나왔다면 당장에 고혈압약, 콜레스테롤약, 당뇨약, 영양제를 먹을 것이 아니라 먹지 말아야 할 음식부터 제한하는 것이다. 평소 식생활 습관은 그대로 놔둔 채 약물로 혈압만 떨어뜨리고, 콜레스테롤과 당수치만 기준치에 들어왔다고 안심했다가는 합병증이라는 거대한 쓰나미를 맞고 말 것이다. 한편 이러한 과학적, 의학적 사실이 확인될수록 제약 회사와 병원의 주요 수입원인 수술, 약물 처방은 줄어들 수밖에 없다. 머리 좋은 사람들이 모여 있는 집단인 제약회사가 너도나도 건강 기능 식품 사업에 뛰어든 것도 바로 이 때문이다. 이것은 약이 아니라 식품이라는 이름으로 포장했지만 몸에는 좋을 것 같은 느낌을 주도록 고도로 설계된 사업일 뿐인데도 사람들은 이에 열렬히 호응하고 있다.

죽은 음식 대신 살아 있는 음식을 먹어라

물론 우리는 무언가를 파는 사람을 비난할 수 없는 시대에 살고 있다. 그렇지만 내게 좋은 것이 무엇인지 눈을 가리고, 귀를 닫고, 무언가를 팔고자 하는 사람들의 말만 들어서는 절대 안 된다. 채소, 과일이 끝없이 공격받는 이유는 모든 영양제의 출발점이 되는 항산화 물질, 항암·항염증 성분이 채소, 과일에서 나오기 때문이다. 이는 채소, 과일을 먹으면 모든 것이 해결된다는 뜻이기도 하다. 우리나라 국립암센터를 비롯해 세계보건기구 WHO, 국제암연구소IARC, International Agency for Research on Cancer, 국제 암연구기금, 모든 유명한 병원에서 건강을 유지하고 암과 치매 예방을 위해 공통적으로 권하는 것이 금주, 금연, 그리고 매일 채소, 과일을 충분히 먹으라는 것이다. 권장하는 양이 하루 400~500그램 정도인데, 제약회사들은 이것마저 이용해 바쁜 현대인들은 이를 챙겨 먹을 시간조차 없으니 간단히 영양제로 대체하라고 마케팅을 펼치고 있다.

너무나 역설적이고 모순투성이인 마케팅이어도 계속 반복해서 듣다 보면 어느새 믿게 된다. 그 결과 공복에는 사과, 바나나, 고구마를 먹으면 안 된다고 믿으면서 그 대신 커피를 마시고, 이런저런 영양제를 먹으면서 하루를 시작한다. 그로 인해 우리의 림프시스템은 매일 같이 비명을 지르면서 사투를 벌이고, 해독할 수 없는 독극물들을 우선 살로 저장해버린다. 그렇게 점점 고도 비만이 되고, 안 빠지는 살을 빼기 위해 다시 다이어트 기능 식품을 먹는다. 이런 제품을 먹으면 처음에는 살이 빠지는 것처럼 보이지만 곧 요요현상으로 살이 더 찌는 악순환이 반복될 뿐이다.

건강을 회복하는 유일한 방법

언제까지 이렇게 살 것인가? 이제라도 우리 몸이 가진 자정 능력, 자가 치유력을 믿고 내 마음에 대한 신념을 갖자. 엉뚱한 곳에 돈을 쓰게 만드는 마케팅에 끌려다니며 시간과 건강을 잃어버리지 말자. 먹는 음식을 죽은 가공식품에서 살아 있는 음식인 채소, 과일로만 바꿔도 우리 몸은 분명히 달라진다. 얼마나 가공식품이 안 좋으면 완전 육류로만 식단을 제한해도 몸이 좋아지겠는가. 비만, 각종 만성 질환은 단맛, 짠맛, 매운맛, 각종 화학 첨가제로 우리 입맛과 뇌를 교란시키고 중독시킨 결과라는 것을 명심하라. 다이어트 역시 단순히 살을 빼는 일이 아니라 건강을 회복하는 일이다. 독소와 노폐물을 제거해 건강이 회복되면 불필요한 살이 빠지는 것이다. 그러니 약물에 의존하기 전에 유일하게 효소가 살아 있는 음식을 먹는 채소·과일식으로 림프 시스템을 회복시키자. 그 결과를 직접 경험하면 당신도 분명 놀랄 것이다. 수십 년간 고혈압, 당뇨, 류머티즘으로 고생하던 환자들과 말기 암 환자들이 채소·과일식을 기적이라고 부르는 이유를 당신 스스로 알게 될 테니 말이다.

물 한 잔과 채소·과일 주스로
하루를 시작하라

하루의 시작을 어떻게 하느냐에 따라 하루가 결정된다고 생각할 필요는 없다. 다만 매일 반복되는 루틴이 쌓여 지금의 내가 만들어졌다는 것만 기억하자. 삶 전반에서 '반드시'라는 강박과 집착을 내려놓고 스트레스를 받지 않고 사는 게 가장 중요하다. 그래야 건강도 지킬 수 있다. 실제 술, 담배, 커피, 탄산음료, 라면 등을 평생 먹고 살아온 노인이 여전히 건강한 경우도 찾아볼 수 있지 않은가. 그분들이 특별한 체질이어서가 아니라 기본적으로 인간의 몸이 위대하기 때문에 가능한 일이다.

언제 하루를 시작하든 일단 본격적으로 하루를 시작할 때 나의 몸과 마음에 긍정적인 영향을 줄 수 있는 식습관을 만들면 된다.

몸과 마음을 깨워주는 물 한 잔

우선 자고 일어나면 가장 먼저 물을 마시자. 인간의 몸은 70퍼센트가 수분으로 이루어져 있다. 노화 정도는 인체의 수분 비율로 따져도 될 만큼 신생아 때는 그 비율이 90퍼센트에 달한다. 인간의 몸에서 그만큼 중요한 건 근육도, 단백질도 아닌 몸 안의 수분이다. 좀 더 정확히 표현하면 체액이다. 림프액 역시 체액이다. 체액을 만들어내는 기본적인 공급원이 물이기 때문에 물을 먹는 것이 중요하다. 실제로 음식은 60일 넘게 먹지 않아도 죽지 않지만 물은 일주일만 공급이 안 되어도 생명에 지장이 있다. 물이 가진 효능은 생각보다 훨씬 크다. 초등학생들에게 하루에 물 5잔, 즉 1리터 정도를 마시게 해보니 비염, 아토피 등각종 건강 지표가 좋아졌다는 연구 결과도 있다.

그러니 물 한 잔의 가치와 효능을 믿고 당신의 하루를 물 한 잔으로 시작해보자. 물 한 잔은 아침을 깨워주는 윤활유 역할을 해준다. 당신이 잠에서 깨어나 '오늘 하루도 무사히 눈뜨고 숨쉬는 것에 감사하다'라는 마음으로 하루를 시작할 때, 오늘 하루 해야만 하는 일들에 쫓기기보다 '오늘도 그냥 하루 보내보 자', '오늘 할 일을 다 마치지 못하더라도 내일이 있으니까 걱정 하지 말자'라는 유연하고 긍정적인 사고를 마음에 담을 때 물 한 잔이 마중물이 되어준다. 밤새 잠들어 있던 오장육부를 깨우 는 위밍업 신호를 주는 데 있어 소화 에너지가 전혀 들지 않는 물만큼 좋은 것은 없다.

반드시 체온을 지켜라

이때 주의할 점은 찬물은 피하는 것이다. 나 역시 열이 많고 화 가 많았던 터라 어렸을 때부터 얼음물을 좋아했고 30대 초반까 지도 찬물을 벌컥벌컥 마셨다. 지금은 이가 시려서 못 마실 정 도로 찬 것과는 멀어졌지만 그때는 아이스크림도 입에 달고 살 았다. 찬물을 피해야 하는 까닭은 체온이 떨어지는 것을 막기 위해서이다. 인간이 생명을 유지하기 위한 여러 조건이 있지만 그중에서도 필수적인 것이 산소 공급과 체온 유지이다. 몸에 3분만 산소 공급이 되지 않아도 뇌가 죽기 시작한다. 체온은 평 균 36.5에서 37.5도를 유지하기 위해 모든 세포들이 합심해서 활동한다.

체온 유지는 생각보다 더 중요한데 체온이 1도만 떨어져도 면역력은 30퍼센트나 감소하고, 체온이 35도일 때 암세포가 가장 활발히 증식한다. 그리고 체온과 함께 몸이 일정한 상태를 유지하고자 하는 것이 약알칼리성이다. 여성의 생식기처럼 외부의 바이러스와 세균 침투를 방어하고자 산성인 기관을 제외하면 인간의 몸은 약알칼리성을 유지한다. 몸이 조금만 산성화되면 만성 염증이 생겨나고 금방 사망에 이르게 된다. 즉 체온과 약알카리성만 잘 유지하면 우리는 훨씬 건강하게 지낼 수 있다.

그런데 우리는 이 쉬운 방법을 알아도 이를 방해하는 일을 일상생활에서 자주 한다. 대표적인 게 아무 때나 마시는 아이스 아메리카노이다. 사람들은 흔히 '얼죽아', 즉 '얼어 죽어도 아이스 아메리카노'라며 한겨울에도 차디찬 카페인 음료를 마시는 것을 자랑스럽게 떠든다. 그런데 이건 스스로 돈을 내고 자기 수명을 깎아먹는 행위나 마찬가지이다. 이유 없이 두통에 시달린다고 병원을 돌아다녀도 원인을 찾지 못하는 것도 다 이런 음료 때문이다.

나는 인생에서 '반드시'란 없다고 강조하지만, 건강만큼은 예외라고 생각한다. 특히 건강한 인생을 살고 싶다면 반드시 하지 말아야 할 일이 있고, 아무 생각 없이 아이스 아메리카노를 마시는 일 같은 것은 절대로 하지 말아야 할 행동이다. 물론 정말 화가 나서 답답하고 죽을 것 같을 때는 냉수 한 잔이 분명히 효과가 있다는 걸 안다. 그렇다고 해도 절대 찬물을 벌컥벌컥 들이키지 말라. 대신 채소·과일 주스를 마셔라.

커피 대신 CCA 주스로 하루를 열어라

채소, 과일을 효과적으로 먹을 수 있는 방법이 주스 형태로 섭취하는 것이다. 단, 시중에서 파는 설탕, 인공감미료, 색소 등 각종 화학 첨가제가 들어간 경우는 제외이다. 채소·과일 주스의 효과는 생각보다 크다. 우리는 흔히 아침에 일어나서 잠을 깨운다는 미명하에 이른바 모닝커피를 공복에 마시는데 모닝커피는 순간적으로 정신을 번쩍 들게 해줄지는 몰라도 부신을 자극해 더욱 피로를 느끼게 만든다. 카페인에 중독되면 결국엔 병원 신세를 질 일밖에 남지 않는다. 그러니 모닝커피 대신 채소·과일 주스를 마셔보자. 모닝커피 같은 효과를 부작용 없이 누릴 수 있으니 이보다 더 좋은 것이 있을까.

당신이 스스로에게 하루 1시간 정도의 정성을 쏟을 수 있다면 까주스, 즉 CCA 주스가 가장 좋다. CCA 주스는 당근carrot, 양배추cabbage, 사과apple의 영어 단어 첫 글자를 따서 만든 이름인데 까먹지 말라고 까주스이다. CCA 주스는 간과 콩팥의 해독 기능을 회복시켜, 위와 장의 기능을 되살리는 효과가 있다. 이를 통해 궁극적으로 림프시스템을 강화하여 면역력을 올려준다.

사과나 당근 주스도 상관없고, 양배추즙도 괜찮다. 시중에서 판매하는 제품이라도 첨가물이 안 들어간 것이면 그걸 마시면 된다. 갈아 만든 주스든 착즙이든 무첨가 주스라면 커피나 콜라보다 훨씬 좋다. 물론 가장 좋은 건 집에서 직접 만들어서 하루를 시작할 때 마시는 것이다.

채소, 과일을 통해서만 비타민, 무기질, 미네랄을 섭취할 수 있으며, 이는 영양제로는 절대 충족될 수 없다. 현대 과학은 풀 한 포기 사과 한 알 만들지 못하는 수준이기 때문이다. 채소, 과일을 충분히 먹으면 물조차 마실 필요가 없을 정도이다. 그런데도 우리는 살아 있는 채소, 과일을 제대로 챙겨 먹지 않고 있다. 내일부터라도 하루의 시작을 채소·과일 주스로 해보자. 장담하건대 분명 2주면 변화를 느끼고, 100일이면 긍정적인 변화를 제대로 확인할 수 있다.

채소·과일 주스에 대한 오해와 진실

항간에는 채소·과일 주스가 혈당, 인슐린 저항성을 높이고, 종국에는 당뇨를 유발한다거나, 채소 주스를 마시면 칼륨 수치가 높아진다는 근거 없는 건강 정보들이 돌아다닌다. 하지만 벼랑 끝에 내몰린 환자들을 구하고자 세계적으로 연구하기 시작한 것이 자연 식물식이다. 특별할 것도 없다. 모든 가공식품을 끊고, 그저 자연에서 온 그대로 먹는 것이 전부이다. 그리고 좀 더 빠른 효과를 보기 위해 갈아 먹고 착즙해서 먹기 시작한 것이다. 주스를 마실 때 만약 식이섬유마저 소화하기가 힘들다면 착즙을 해서 마시는 것이 좋다. 식이섬유는 불용성, 수용성 두 가지가 존재하는데 착즙해도 모든 영양소와 식이섬유를 섭취할 수 있다.

몸이 회복하는 기간은 반드시 필요하다. 갈아 먹는 샐러리 주스나 당근 주스, 사과 주스, CCA 주스가 몸을 해쳤다면 어떻게 전 세계 유명 병원들이 환자들에게 과일이나 채소 주스로 하루를 시작하게 하고 있겠는가? 암 환자들에게도 영양제나 각종 건강 기능 식품이 아니라 신선한 유기농 채소·과일 주스를 제공한다. 채소·과일 주스의 효능이 과학적으로도 입증되었다는 뜻이다.

이처럼 채소·과일 주스는 당뇨 환자가 약을 끊고 회복할 수 있는 유일한 방법인데도 공포와 불안을 조장하는 마케팅으로 쉽게 도전하지 못하게 만들고 있다. 하지만 이런 분위기에도 흔들림 없이 채소·과일식을 해오던 사람들은 여전히 병원에 의존하지 않고도 건강하게 잘 지낸다. 당장에 내가 운영하는 네이버 예방원 카페에 들어가서 살펴봐도 알 수 있다. 3만 명에 가까운 회원들이 음양탕, 레몬수, 그리고 CCA 주스를 마시는 것으로 하루를 시작한다. 1년 이상 채소·과일식과 CCA 주스를 섭취한 암 환자의 사례부터 비염, 아토피, 당뇨, 고혈압, 변비 등 모든 만성 질환이 좋아졌다는 경험담이 주를 이룬다.

채소·과일 주스의 부작용을 말하는 특정 세력의 논리대로라면 당장 나부터 당뇨 진단을 받아야 할 것이다. 하지만 2년마다 어쩔 수 없이 받는 국가검진(내시경은 받지 않는다.) 혈액검사에서 10년이 넘는 시간 동안 어느 것도 이상이 없었다. 내 체질이 특별해서 그런 것일까? 예방원 카페 회원들의 체질이 당신과 달리 특별해서 그럴까? 절대 아니다. 결국 믿음의 문제이다. 영양제나 항암제를 먹고 완치되는 사람들은 그것이 효과적일 것이라는 믿음이 강했기 때문에 효과를 본 것이다. 그런데 애당초 살아 있는 채소·과일식에 대한 믿음을 갖고 이를 실천했다면 건강해지는 데 있어 시간도 단축되고 부작용도 겪지 않았을 것이다.

나는 그저 이미 세계의 수많은 석학들과 채식주의자, 프룻테리언(과일만 먹는 사람들)들이 증명하고 입증한 사실들을 쉽게 알려주고 있을 뿐이다. 이는 돈과는 거리가 먼 진실이다. 상업주의에 의해 변형, 왜곡된 사실이 아니다. 그리고 이렇게 좋은 것을 선택할지 말지는 결국 당신 자신의 몫이고, 각자의 책임이다. 다만 나는 쉽게 도전하지 못하는 당신에게 이처럼 좋은 것을 함께 해보자고 권하고, 불안과 공포를 없애주고자 책을 쓰고, 강연을 해나가고 있을 뿐이다. 원래 우리가 먹어온 주식인 채소·과일식을 하는 데에도 큰 용기와 도전이 필요한 시대가 되어버렸다. 과일을 먹는 것은 사탕이나 설탕을 먹는 것과 같다는 핀잔을 의사에게 듣는다. 어쩌다가 사과, 바나나, 고구마를 먹는 것조차 의사에게 물어보는 지경이 되었을까? 아이러니하게도 이렇게 과당을 걱정하면서도 대부분 커피믹스는 의심조차 하지 않는다. 발암 물질이 가득 든 부대찌개를 먹고 나서 입가심으로 탄산음료를 마시고 아이스크림까지 먹으면서도 불안해하지 않는다. 정말 건강하게 살고 싶다면 지금까지 익숙하게 먹던 음식들부터 바꿔야 한다. 그래야 내 몸이 산다.

사소한 습관부터 바꿔라

이젠 진정으로 당신의 몸에 무엇이 좋은지 생각하고, 하루하루 당신의 몸과 마음을 위한 건강식을 선택해야 할 때이다. 그러니 물 한 잔, 신선한 채소·과일 주스로 하루를 시작하자. 자기 성장을 위해 미라클 모닝을 실천하면서 모닝커피로 하루를 시작하지 말라. 채소·과일 주스를 만들어 먹을 시간이 없다면 무첨가 주스라도 사 먹어보라. 분명 당신의 하루가 더 좋은 에너지로 가득 찰 테니 말이다.

덧붙여 가급적 페트병에 든 물은 마시지 말자. 미세 나노 플라스틱을 함께 먹는 것과 같다. 기능성 미네랄 물도 비싸게 주고 사 먹을 필요 없다. 수돗물을 끓여 먹든지 아니면 그냥 일반적인 정수기 물이면 충분하다. 찬물 대신 찬물과 뜨거운 물을 반반씩 섞은 음양탕을 마시자. 안 쓰는 것이 가장 좋지만, 만약 종이컵을 사용한다면 이때도 환경호르몬에 덜 노출될 수 있도록 찬물을 먼저 따르고 뜨거운 물을 부어주자. 종이컵은 순수한 종이컵이 아니고, 플라스틱으로 코팅되어 있으니 주의하는 게 좋다. 물론 이렇게 너무 세세한 것들에 집착할 필요는 없지만 알고 있는 것과 모르고 있는 것은 분명한 차이가 있다. 일단 원리를 깨닫고 나면 당신 스스로 유해한 것들에 노출되는 횟수를 줄이려고 노력하게 될 테니 말이다.

기억하라. 이런 사소하지만 작은 변화를 실천하는 것만으로도 우리의 몸과 마음은 분명히 달라진다. 당신이 하루의 시작을 어떤 음식으로 하느냐는 당신의 하루를 결정할 것이고, 그 하루하루가 모여서 당신의 몸과 마음, 나아가 인생을 바꾸어줄 것이다.

내 몸을 살리는 식습관,
내 몸을 죽이는 식습관

채소·과일식을 전파하다 보니 많은 이들이 나의 식단을 궁금해했다. 그런데 나는 이미 소식이 습관화되어서 처음부터 내 식단을 따라 하려고 하면 대부분 일주일 이상은 하기 어렵다. 특히 나는 에너지를 소모하는 데 있어서 본능적으로 무리하지 않는 습관이 몸에 배어 있기 때문에 무조건 따라 하는 것보다는 자신에게 맞는 적정한 식습관을 스스로 찾아야 한다. 그럼에도 누구나 한 번쯤은 2주간 실천해볼 수 있는 방법을 소개하고자 한다. 이는 내가 많이 아팠을 때 했던 방법과 적정 체중을 찾은 다음 5년차가 넘으면서 유지해온 내 일상생활을 바탕으로 한 것이다.

건강한 식습관을 만드는 세 가지 도전

일단 지금 책을 읽고 있는 당신의 책상을 한번 살펴보자. 혹시 커피가 있지는 않은가? 첫 번째 도전은 바로 술, 담배, 커피, 탄산음료에서 벗어나는 것이다. 이 네 가지 중 하나라도 일주일 이상 끊는 게 힘들고 불안하다면 당신은 이미 약물 중독 상태라고 봐도 무방하다. 금단 현상, 명현 반응, 호전 과정을 이겨내는 게 가장 바람직하지만 단번에 하기는 어렵다. 일단 단번에 끊기 어렵다면 횟수를 줄여나가자. 나 역시 처음부터 한번에 끊지 못했다. 100일에 걸쳐 점차 술, 커피를 마시는 횟수를 줄여나갔고, 그 기간 동안 오르락내리락하는 경험도 했다. 그때마다 스스로에게 실망하기도 했지만 나 자신을 응원해주면서 지속해나갔다. 그러니 당신도 일단 이것들부터 끊어보자. 참지 못하고 다시 먹었다고 해도 '에잇, 될 대로 되라'는 식으로 포기하지 말고, '괜찮아. 오늘부터 다시 시작하면 돼'라고 스스로를 응원하면서 말이다.

두 번째 도전은 앞서 이야기한 것처럼 첫 끼니로 채소·과일 주스를 먹어보자. 원물을 그대로 씹어 먹는 것도 좋으나 나 같은 경우 처음 시도했을 때만 해도 성격이 급했기에 30분 이상 무언가를 씹는 것이 쉽지 않았다. 그래서 자연 치유 책에서 효능을 공부한 채소·과일 주스를 마시기 시작했다. 매일 500밀리리터에서 1,000밀리리터 정도를 공복에 수시로 마셨다. 주스의 재료는 셀러리, 케일, 사과, 당근, 양배추, 비트 등을 골고루 먹었고, 갈아서 먹기도 하고, 착즙해서 먹기도 하면서 싫증이 나지 않도록 했다. 몸이 아플 때였기 때문에 약을 끊고 나서의 불안감과 공포심이 한번에 사라지지는 않았지만 내가 살 길은 오직 이 길뿐이라 믿고 약이라고 생각하면서 마셨다. 2주가 지나자 나를 괴롭히던 심장 통증이 많이 사라졌다. 그렇게 맛있던 가공식품들, 특히 술, 커피, 아이스크림, 과자가 맛없게 느껴졌다. 이렇게 몸의 독소를 빼내는 과정에서 설사도 많이 했다. 당연히 가공식품이나 기름진 음식을 먹으면 바로 설사를 하기도 했다. 복통이 심하게 오래 가지 않는 이상 모두 명현 반응이라고 볼 수 있었다. 한 달이 넘어가자 고등학교 때부터 고생했던 머리의 지루성 피부염과 엉덩이에 종기가 나는 증상이 사라지기 시작했다. 이때부터 확신이 생겨 본격적으로 채소·과일식, 통곡물, 견과류 위주의 식사를 하게 되었다.

세 번째로 자연 식물식을 시도해보자. 내 경우는 아침이나 오전에 채소·과일 주스 500밀리리터, 점심에는 샐러드, 고구마, 단호박을 먹고 저녁에는 딸기, 바나나 등 과일 위주로 먹었다. 그렇게 했더니 80킬로그램에 육박하던 몸무게가 100일 만에 15킬로그램이나 빠져 원래 몸무게였던 65킬로그램이 되었다. 그리고 술, 커피, 과자, 아이스크림은 완전히 안 먹을 수 있게 되었다. 간식으로는 견과류를 수시로 먹었고, 철저하게 육류, 어류, 유제품도 제한했다. 당연히 그토록 좋아하던 짜장면과 돈가스, 치킨도 먹지 않았다. 그렇게 하니 변화가 생겼다. 가장 큰 변화로 피부가 좋아졌고, 간과 콩팥이 회복되는 게 나타나는 듯 눈이 맑아졌다. 배변 활동도 규칙적으로 바뀌고, 무엇보다 온몸을 돌아다니던 신경통이 현저히 줄었다. 통증이 줄어든 만큼 숙면을 취하는 시간도 늘어났다.

더불어 잠을 자든 안 자든 하루 7~8시간은 누워 있었다. 그게 허리 디스크에 가장 부담이 안 되기 때문이다. 대신 누워서 단전호흡과 복식호흡을 하면서 명상을 했다. 숨을 마시고 내쉬는 호흡에만 오롯이 집중하면서 잡념에서 벗어나는 훈련을 통해 불안과 공포, 우울, 부정적인 생각에서 많이 벗어날 수 있었다. 6개월 정도 이렇게 다양하게 자연 식물식을 먹으면서 생활하자 언제 그토록 극심한 통증이 있었는가 싶을 만큼 몸이 회복되었다.

당시 나는 그렇게 잘 해내고 있는 나 자신을 칭찬하기 위해 6개월 만에 처음으로 치킨과 돈가스, 짜장면을 먹었다. 여전히 맛있었지만 몸이 받아들이지 않는 것이 느껴졌다. 몸이 보내는 신호를 느꼈고, 이 음식들을 소화시키는 데에 엄청난 에너지가 쓰인다는 것을 알아차릴 수 있었다.

이런 과정을 통해 나는 1년 만에 술과 커피를 완전히 끊었고,

오전에는 CCA 주스를 먹고 점심은 일주일에 2~3번은 고기를 먹고, 저녁은 일반식을 먹으면서 지내도 전혀 무리가 없는 상태가 되었다.

가공식품만은 반드시 버려라

이렇게 채소·과일식을 하라고 하면 큰 효과를 기대하지 않는 경우도 있다. 하지만 무언가 시작조차 해보지 않고 결과를 속단할 필요는 없다. 기존에 가지고 있던 고정관념과 편견, 특히 의도된 마케팅으로 알게 된 잘못된 정보 때문에 의심과 불안을 느낄 필요도 없다. 나를 비롯해 이미 수백, 수천만 명의 사람들이 자연 식물식을 실천하고 있다. 앞에서 이야기한 세 가지 도전을 2주만 해봐라. 그렇게 하면 스스로가 분명히 변화를 느낄 것이고, 계속해나갈 의지가 생겨날 테니 말이다.

간혹 3개월 동안 했는데 컨디션은 좋아졌지만 체중 변화가 없다면서 불안해하는 경우가 있다. 사람마다 효과가 나타나는 기간은 다를 수 있다. 좋아지고 있는 것을 느꼈다면 거기에 집중해서 믿음을 가지고 300일을 목표로 실천해보라. 걱정과 불안을 계속 달고 사는 습관까지 고칠 수 있는 절호의 기회가 될 수 있다. 분명한 것은 조급해하지 않고 꾸준히 하면 반드시 놀라운 효과를 얻을 수 있다는 사실뿐이다.

한 가지 덧붙여 체중 감량이 목표라면 곧바로 이렇게 채소·과일식으로 한정할 필요는 없다. 필요한 건 단 한 가지뿐이다. 철저하게 면류와 튀김류, 가공 탄수화물을 제한하는 것이다. 그렇게 하는 것만으로도 3개월 만에 5~10킬로그램이 빠지고, 요요현상 없이 유지할 수 있다. 그만큼 가공식품은 우리 몸에 지방으로 쌓이는 가장 큰 요인이다. 더 쉽게 말하면 설탕을 제한한다고 생각하면 된다. 모든 과자, 아이스크림, 빵을 먹지 마라.

가공식품만은 반드시 끊어라. 일반적으로 가공식품에서 벗어나기 가장 어려운 단계가 배고픔을 느끼는 때이다. 설탕을 비롯한 인공첨가물인 가짜 포도당에 길들여져 있으면 가짜 허기를 계속 느끼기 때문이다. 이런 가짜 배고픔을 느낀다면 채소, 과일을 마음껏 먹어라. 단, 가공식품을 먹고 난 뒤에 디저트로 먹는 것은 의미가 없다. 흔히 과일은 후식이라면서 밥을 다 먹고 디저트로 먹는데 그러면 안 된다. 원래 인간은 채소, 과일을 공복에 먹어왔다. 이 방식을 지켜라. 그렇게 해가다 보면 가짜 허기를 극복할 수 있다. 이 단계를 지나야 몸에 좋은 살아 있는 음식을 먹는 것을 지속할 수 있다. 이 방식으로 3년 이상 유지한다면 몸이 회복되고, 이 상태가 되면 설령 가끔 가공식품을 먹더라도 충분히 완전 배출할 수 있다는 걸 기억하라.

먹는 것에 대해 자유로워지는 단계까지 계속하라

채소·과일식이 5년 차 이상 되면 더 이상 달달한 가공식품이나 튀김, 밀가루 음식의 유혹에 흔들리지 않을 수 있다. 스트레스를 받으면서 참을 필요도 없고, 그저 상황과 자리에 맞춰 먹어도 된다. 드디어 먹는 것에 대해 자유로워지는 것이다. 또한 과일의 과당은 절대 당뇨를 일으키지 않는다는 믿음을 가져라. 정말 안타까운 마음에 다시 한 번 강조한다. 제발 채소, 과일에 대한 불안, 공포 마케팅에 흔들리지 말라. 그들의 논리대로라면 인류를 포함해 지구상의 모든 동물들은 진작 멸종했을 것이다. 우리가 아픈 이유는 먹지 말아야 할 죽은 음식을 먹었기 때문이다.

이 단계에 이르기까지 중요한 것은 단 하나이다. 포기하지 않는 것. 바로 그것이다. 공부, 취업, 직장 생활, 결혼 생활, 육아가 힘들다고 중간에 그 핑계로 술을 마시고, 피자를 먹고, 떡볶이를 폭식하는 날이 있더라도 포기하지 말라. 그냥 다시 시작하면 된다. 그렇게 먹고 난 다음 날이 중요하다. 만약 당신이 매일 삼시 세끼 고기 반찬을 먹었다면 일주일에 3~4회로 제한하는 것만으로도 우리 몸이 달라진다. 그러니 일단 2주만 이겨내보자. 그렇게 하면 곧 100일이 되고 1,000일이 되는 순간이 찾아온다. 여기에 더해 당신이 육식을 줄이는 만큼 몸도 좋아지고, 동시에 지구 환경도 살아난다는 사실도 기억하자. 인간이 소비하기 위해 소, 돼지, 닭을 사육하면서 자연의 균형을 깨버린 대가는 결국 인간의 멸종을 가져오고 말 것이다. 내 건강을 챙기는 동시에 지구의 건강까지 챙길 수 있는 방법이라는 의미이다.

그리고 이제 당신이 해야 할 일을 하면 된다. 당신의 몸이고, 당신의 건강이다. 누구도 대신해줄 수 없는 일이니 스스로 해보자. 작은 실천이 반복되고 계속되면 놀라운 변화가 시작된다는 것은 건강에 있어서도 예외가 아니다.

소화기관에도
온전한 휴식이 필요하다

지난 30년간 우리는 '아침을 꼭 챙겨 먹어야 한다', '하루 세끼를 꼬박꼬박 잘 챙겨 먹어야 건강해진다'라는 주장을 끊임없이 들어왔다. 기정사실처럼 받아들여지던 그 주장은 2020년대 들어서면서 철저하게 반박되기 시작했고, 이제는 공중파 건강프로그램에서도 간헐적 단식에 대해 설명해주기 시작했다. 그렇게 된 결정적인 이유는 생체시계에 대한 연구가 2017년 노벨생리의학상을 받으면서 과학적인 데이터로 세상에 알려졌기 때문이다.

인슐린, 렙틴, 그렐린, 멜라토닌, 코르티솔 등 식욕과 수면에 관련된 호르몬을 연구한 결과를 바탕으로 인간의 하루를 크게 8시간씩 3대 주기로 나누어 설명했다.

앞서 언급한 대로 낮 12시부터 저녁 8시까지가 먹는 섭취 주기, 저녁 8시부터 새벽 4시까지가 먹은 것을 소화하는 동화 주기, 새벽 4시부터 낮 12시까지가 소화하고 흡수한 것을 내보내는 배출 주기이다.

사실 지금껏 우리가 아침을 반드시 먹어야 한다고 믿게 된 것은 식품업체, 낙농업, 축산업 등이 발달하면서 생긴 주장 때문이었다. 하지만 이젠 인간의 몸에 끊임없이 무언가가 들어오면 회복·재생이 되는 데 방해가 된다는 것이 밝혀진 셈이다. 사실 이미 수천 년 전부터 장수하고 싶으면 소식하고, 야식을 먹지 않아야 한다는 사실이 전해져왔다. 그리고 지구상의 동물들은 아프면 가장 먼저 아무것도 먹지 않는다. 우리 인간 역시 유아기까지는 이러한 본능을 따른다. 이런 까닭은 소화하는 데 에너지가 가장 많이 쓰이기 때문이다. 노인이 되면 입맛이 떨어지는 이유도 불필요한 에너지를 줄이기 위한 자연의 섭리이다. 세계적인 장수 국가인 일본의 장수 마을을 찾아가면 모두 소식을 하고, 상대적으로 소화 에너지가 덜 쓰이는 채소·과일식을 기본으로 하는 것을 볼 수 있는 것 역시 같은 이유이다.

너무 많이 먹어서 아픈 것이다

언제부터인가 '아플수록 잘 먹어야 된다', '늙을수록 단백질 섭취를 많이 해야 된다', '입맛이 떨어질 때 곡기를 끊으면 죽는다'는 등의 말이 진실처럼 퍼져버렸다. 아픈 아이에게 잘 먹는다는 이유로 달달한 아이스크림과 초코 우유, 딸기 우유를 먹인다. 이렇게 하면 아이는 계속 장염과 항생제에서 벗어나지 못한다. 우리 인간은 이렇게 잘 먹고 지냈던 적이 없다. 멀리 1만 년 전까지 거슬러 올라가지 않아도 불과 50년 전 보릿고개에는 하루 한 끼 먹기도 힘들었다. 쌀밥 대신 모두 보리, 조, 수수, 현미를 먹고 지냈다. 50년 전보다 10배 늘어난 육류 섭취량과 50배 정도 늘어난 유제품 소비에 의해 현재 우리나라는 전 세계 대장암과 유방암 발생 1위 국가가 되었다.

잘 먹은 만큼 건강하고 행복해진 것이 아니라 아프지 않고, 장수하는 인구는 예전 못 먹던 시절보다 줄고 암과 치매 발생률은 갈수록 높아지고 있다. 이러한 현실을 모두 외면하고 있을 뿐 진실은 이미 밝혀졌다. 아침부터 커피, 우유, 시리얼, 요거트, 치즈, 베이컨이나 햄이 들어간 토스트, 심지어 라면, 삼겹살, 치킨 등을 먹는다. 그 결과 만성 소화불량, 변비, 역류성 식도염으로 소화제와 진통제를 달고 산다. 몸이 정화하는 신호인 설사를 멈추려고 지사제를 먹을 뿐 근본적인 원인인 가공식품을 줄일 생각은 하지 못한다. 이제는 너무 많이 먹어서, 그것도 죽은 음식을 비싼 돈을 주고 먹어서 아프다는 사실을 깨달아야 한다.

가공식품 단식부터 시작하자

가장 돈이 안 들면서 몸과 마음을 건강하게 만들 수 있는 것은 바로 안 먹는 것이다. 즉 단식이다. 단식원이 한참 유행하던 시절도 있었다. 그로 인해 사람들이 병원을 멀리하게 되자 전문가들이 앞다퉈 말리기 시작했다. '뇌의 활동을 위해 포도당은 일정하게 공급되어야 한다', '굶으면 근육부터 빠져서 심각한 문제가 생긴다', '장기에 손상이 가서 단식은 절대 하면 안 된다'는 등 엄청난 불안을 조장했다. 이를 통해 수십 년에 걸쳐 삼시 세끼 먹기 열풍이 형성되었다. 그리고 우리는 설탕과 각종 인공 첨가물에 중독된 채 아침부터 밤늦게까지 쉬지 않고 온종일 가공식품을 먹으며 지내고 있다. 하지만 이제는 안다. 많이 먹지 않아야 장수한다는 것을 말이다.

당신에게 필요한 것은 이런저런 거짓 정보에 휩쓸리지 않는 것이다. 누구에게 끌려다니지 않고 건강 자산부터 만들어나가는 것이다.

간헐적 단식이 좋다는 것이 현대 과학적으로도 증명되었지만 당신이 16대 8, 20대 4처럼 곧바로 간헐적 단식을 바로 하기는 어려울 수 있다. 당장 어젯밤에도 치킨에 맥주를, 족발에 막걸리를, 피자에 콜라를 먹고는 아침에 눈 뜨자마자 빵과 커피를 먹은 당신의 몸이 단번에 가공 탄수화물이나 설탕에서 벗어나기란 불가능하다.

일단 당신이 중독된 설탕, 인공감미료에서 벗어나보자. 그러기 위해서는 자연의 단맛을 섭취하라. 제발 빈속에 과일을 먹으면 혈당 스파이크로 인해 몸이 망가진다는 논리에 빠져 공복에 영양제, 건강 기능 식품을 먹지 말고, 자연의 단맛에 내 몸을 맡겨보자. 당신의 몸을 혹사시키는 화학물질에서 벗어나는 유일한 방법은 자연에서 온 것으로 몸을 정화시키는 것뿐이다.

여기에서 간략하게 초보자도 할 수 있는 간헐적 단식의 방법을 소개하면 다음과 같다. 사실 앞서 이미 설명한 내용이지만 아래의 프로세스를 다시 한 번 정리해두고 실천한다면 분명 달라진 몸을 확인할 수 있을 것이다.

1. 기상 후 미지근한 물(음양탕)을 한 잔 마신다.
2. 배가 고프면 가장 간단히 먹을 수 있는 사과나 바나나를 먹는다.
3. 가능하다면 채소·과일 주스를 마신다. (갈아 마시거나, 착즙 모두 가능. 혹은 시판 무첨가 주스도 가능.)

4. 점심시간 전까지 커피를 포함한 가공식품은 일절 먹지 않
   는다.

이런 원칙을 지키면서 익숙해질 때까지 달달한 것이 먹고 싶
을 땐 설탕, 소금이 첨가되지 않은 견과류를 조금 먹으면 된다.
12시간 공복 유지, 16시간 공복 유지 등에 구애받지 말고 살아
있는 음식을 먹는다는 규칙만 지켜도 성공하는 것이라는 걸 기
억하라. 이런 노력이 기반이 되지 않으면 단식은 3일은커녕 하
루도 하기 어렵다. 몸에 에너지가 부족해서가 아니라 가짜 배고
픔, 즉 카페인, 설탕 중독 때문이라는 것을 기억하자. 하루 12시
간 공복을 유지하기 위해선 일단 가공식품 단식부터 시작해보
라. 비싼 돈 내고 사 먹는 영양제, 건강 기능 식품 역시 모두 가
공식품이다. 그러니 우선 불필요한 소비를 줄이고, 죽은 음식 섭
취를 제한하는 것부터 해보자. 그것만으로도 당신의 몸이 조금
씩 달라짐을 스스로 느낄 수 있을 것이다.

제로 콜라의
불편한 진실을 직시하라

채소, 과일을 갈아 먹거나 착즙해서 먹는 것을 무조건 비난하는 건강 정보를 들여다보면 그 이유 중 하나로 '음식은 씹어 먹어야 한다'는 논리를 제시한다. 침 안의 아밀라아제가 음식과 결합해서 위장으로 넘어가야 한다는 것이다. 입안에서 탄수화물을 1차적으로 소화시키는 효소와 만나고 위장에서 단백질과 지방을 분해하는 효소들이 나온다는 건 초등학교 고학년 과학책에 나오는 내용이다.

그런데 필수 영양소인 탄수화물, 단백질, 지방을 소화시키는 효소가 모두 분비되는 신체기관은 바로 췌장이다. 혈액 내 포도

당을 조절하는 호르몬인 인슐린이 분비되는 중요한 기관이기도 하다. 즉 소화효소는 단순히 음식을 씹어 먹어야 기능을 하는 것이 아니며, 혈당 역시 저작 작용만으로 오르락내리락하지 않는다는 뜻이다. 그런데도 채소·과일 주스가 씹어 먹는 음식이 아니어서 혈당을 올리는 주범이라는 식으로 부정당하고 있다. 정말 우리 몸을 해치는 것이 무엇인지에 대해서는 제대로 알려주지 않으면서 말이다.

진짜 문제는 마시는 형태의 채소·과일 주스가 아니라 가공식품에 들어 있는 탄수화물이다. 자연에서 온 음식이 아닌 가공된 음식들에 들어 있는 탄수화물은 설탕이나 마찬가지이다. 사실 산업화가 이루어지면서 본격적으로 먹기 시작한 가공식품의 특징은 백미처럼 부드럽다는 것이다. 빵 같은 음식도 군인들이나 노동자들이 간단히 먹을 수 있도록 보급하기 위해 나왔고, 통조림 형태의 가공육도 대량으로 오랜 시간 유통시키기 위해 개발되었다. 이 모든 음식이 거친 음식이 아니라 부드러운 음식인데, 우리는 이렇게 전쟁 통에나 먹을 음식들을 여전히 일상생활에서 아무런 거리낌 없이 먹고 있다.

여기에 더해 단맛과 짠맛을 내기 위해 정제 설탕과 정제 소금이 사용되면서 우리 몸은 점점 소화 능력을 잃어버리고 있다. 게다가 비용을 더욱 낮추고, 사람들의 입맛을 중독시키기 위해 사용된 인공감미료에 의해 뇌가 교란되고 호르몬 분비에 문제가 생기고 있다. 이로 인한 대표적인 질병이 바로 당뇨이다. 즉 인슐린 저항성은 공복에 채소, 과일을 먹어서 생긴 병이 아니라 가공된 탄수화물과 인공감미료인 사카린, 알룰로스, 에리스리톨, 스테비아, 아스파탐, 아세설팜칼륨, 글루탄산나트륨MSG 등으로 인한 것이다.

뇌를 교란시키는 인공감미료를 끊어라

실제 2023년 세계보건기구 산하 국제암연구소는 대표적인 인공감미료인 아스파탐을 발암 물질로 등재하겠다고 발표했다. 그런데 아스파탐이 들어간 대표적인 음식이 바로 다이어트 콜라이다. 칼로리 제로, 당류 제로라는 마케팅으로 마치 다이어트에 도움이 되는 것처럼 소비자를 현혹했다. 탄산음료는 설탕 덩어리이고 몸에 안 좋다는 것이 과학적으로 밝혀지자 매출 감소를 막기 위해 기가 막힌 마케팅을 한 결과 10대를 시작으로 많은 비만인들과 비만을 예방하고자 하는 이들이 다이어트 콜라를 소비했다. 제로 콜라라는 이름 자체가 뭔가 더 살이 안 찌고 안전한 음식인 것처럼 만든 결과였다.

아스파탐은 인간이 먹으면 안 되는 물질인 메탄올에 아미노산인 페닐알라닌과 아스파르트산이 결합된 합성 화학물질이다.

그 유해성에 관해서는 많은 논란이 있었고, 실제로 여러 번 미국 식품의약국FDA에서 식품첨가물로 승인받지 못했다. 오랜 기간 동안 로비한 끝에 식품첨가물로 허가가 떨어졌지만, 결국 그 유해성이 가장 먼저 확인되어 발암 물질로 등재된 것이다. 이미 오랫 동안 사용해왔기에 한번에 퇴출시키지도, 금지시키지도 못하는 웃지 못할 상황이 되고 만 것이다. 더 기가 막히는 건 이런 유해성을 알리는 뉴스에 대응하는 마케팅이었다. 의사, 약사 등 전문 유튜버들을 동원해 하루에 55캔은 마셔야 그렇게 된다면서 누가 그렇게 많은 양을 먹겠냐는 말로 사람들을 안심시켰다.

언론, 유튜브 채널 어디에서도 이 화학물질이 다이어트 탄산음료 외에 어디에 사용되고 있는지, 또 우리가 매일 먹는 양이 얼마나 되는지를 연구하는 사람이 없다는 것은 알려주지 않는다. 아스파탐은 제로 콜라, 제로 사이다 같은 탄산음료 외에도 치킨 무, 과자, 아이스크림, 초콜릿, 빵 등의 가공식품에 들어간다. 게다가 전통 식품인 막걸리, 김치에도 이런 인공감미료가 사용되고 있는 실정이다. 그리고 이런 인공감미료들의 집합체가 바로 라면 수프이다.

화학물질 대신 자연의 단맛을 섭취하라

인공감미료는 설탕보다 200~600배 이상의 중독성이 있다. 당뇨의 주범이자 비만의 원인, 그리고 모든 질병의 시작을 인슐린 저항성이라고 정의하면서 당장 과일부터 줄이라고 말하는 전문가들의 말을 곧이곧대로 듣지 말라. 누군가는 현대의 과일이 품종 개량으로 당도가 높아져서 '나무에 달린 사탕'이라고까지 말한다. 하지만 우리의 몸이 당뇨와 각종 성인병에 취약해진 것은 어린 시절부터 온갖 화학물질 덩어리인 사탕, 젤리, 초콜릿, 아이스크림 같은 것을 몇십 년간 먹었기 때문이다. 지금이라도 그 진실을 알았으니 이제부터라도 제대로 된 음식을 먹으면 된다.

건강과 다이어트를 생각하면서 제로 콜라를 마셨다면 이제 그것부터 끊어라. 거듭 이야기하지만 그저 화학물질이다. 가짜 허기를 뛰어넘어 쾌락 허기를 만들어내어 끊임없이 먹게 만드는 것이 바로 화학 첨가제가 들어간 가공식품이라는 것을 명심하자. 무의식적으로 먹는 가공식품에 이 인공감미료가 들어 있지 않은지 주의를 기울이자. 물론 가장 좋은 방법은 자연의 단맛에 자신의 몸을 맡기는 것이란 걸 다시 한 번 기억하길 바란다.

암을 예방하려면
자연의 법칙을 따르라

젊은 사람이나 나이 든 사람이나 모두 암 진단을 받으면 충격을 받는다. 공포, 불안 마케팅을 펼친 건강검진과 보험이 한몫을 한 결과이기도 하다. 그런데 실제 암이 그렇게 심각한 병인지 다시 한 번 생각해볼 필요가 있다. 인간은 태어난 순간부터 죽음을 피할 수 없다. 한 사람도 예외 없이 죽음을 맞이한다. 드라마 〈도깨비〉의 대사처럼 갓 태어난 아기부터 120세 노인에 이르기까지 누구나 죽을 수 있다.

모든 죽음은 남은 이들에게는 안타깝고 슬픈 일이다. 인간은 자연계에서 유일하게 오랜 시간 동안 죽은 생명을 추모하는 동물이기도 하다. 그렇다면 자신과 가족 입장에서 볼 때 갑작스러운 죽음이 나은 것일까, 아니면 최소한 작별 인사를 하고 삶을 정리할 시간이 단 하루라도 주어지는 것이 나은 것일까? 만약 선택권이 주어진다면 전자를 택할 사람은 아무도 없을 것이다.

암에 대처하는 현명한 태도

요즘은 조기 검진으로 인해 젊은 나이에도 암 진단을 받으면서 생존율이 높아지고 있다. 대신 유방암이 5년간 치료 끝에 완치된 후에 자궁암으로, 다시 5년 뒤에는 복막암 등으로 퍼져서 문제가 된다. 그렇더라도 그 10년이 넘는 오랜 시간 동안 여러 번 수술을 받으면서 전신 마취 부작용을 이겨내고 항암제와 방사선의 부작용을 이겨내고 살아 있다는 것만으로도 엄청난 일이라는 걸 인지해야 한다. 코로나 팬데믹 시절에는 아이를 학원에 보내기 위해 맞기 싫다는 백신을 억지로 맞힌 아들이 그다음 날 죽어버려 국가에서 공식적으로 부작용을 인정한 죽음도 있다. 2023년 8월 30일 기준, 우리나라 정부가 공식적으로 인정한 코로나 백신 접종으로 인한 사망자는 2,598명에 달하고, 부작용을 겪은 이들은 48만 5,000여 명에 이른다. 이에 비해 코로나 바이러스로 인한 사망자는 3만 6,700명이다(2023년 8월 31일부로 코로나19는 2급 감염병에서 4급 감염병으로 전환되면서 정부 공식 현황 집계는 종결됨). 심지어 아스트라제네카 사의 코로나 백신은 심각한 부작용이 확인되어 2024년 5월에 승인이 취소되었다. 건강하기 위해서, 살기 위해서 접종한 백신으로도 죽음을 맞을 수 있다는 건 아이러니하지만 죽음이 언제든 찾아올 수 있다는 사실을 방증하는 예일 뿐이다. 그러니 암 역시 우리가 관점을 달리해서 대처하면 되는 질병일 뿐이다. 지나친 불안감을 가질 필요가 없다는 뜻이다.

국립암센터에서조차 20대의 젊은이들과 70대 이상의 고령층은 췌장암과 같은 복잡한 암 검진을 받는 것을 삼가라는 지침을 복지부와 함께 발표했다. 나의 경우는 앞으로도 암 검진을 받을 생각이 없다. 암 때문에 언제 죽을지도 모른다는 공포 속에서 살고 싶지도 않고, 수술과 치료를 받으며 고통 속에서 살다가 어느 날 갑자기 교통사고로 세상을 떠나는 끔찍한 삶을 살고 싶지 않기 때문이다. 암 진단을 받았다면 주어진 내 삶을 돌아보고 다시 태어날 수 있는 절호의 기회가 왔다고 생각하고 긍정적인 마음으로 대처할 수 있어야 한다. 그렇게 긍정적이고 희망적인 자세를 가지고 잘 치료받는 이들이 30년 넘게 잘 살 수 있다.

반면 역설적으로 굳이 하지 않아도 될 수술과 항암 치료를 받고 있는 것은 아닌지 고민하게 만드는 결과들도 이미 나타나기 시작했다. 그 대표적인 것이 갑상선과 유방 절제 수술이다. 여전히 선택은 환자의 몫으로 남겨진 상태이다. 그 외에도 잠복 상태인 결핵을 치료하기 위해 예전에는 무조건 항생제를 처방했지만 지금은 그냥 놔둬도 아무렇지 않을 확률보다 항생제를 쓸 경우 간 기능 저하, 시력 저하, 폐 기능 저하 등 각종 부작용이 나타날 확률이 높은 것으로 확인되어 이를 설명하고 환자에게 선택하도록 하고 있다. 암 치료 역시 이러한 단계까지 가야 한다고 생각한다. 하지만 현재 병원과 제약회사의 운영에 많은 부분을 차지하는 장기 치료 환자에게 선택지를 친절하게 설명해주기를 기대하긴 어렵다.

암을 예방하는 열 가지 습관

그런데 암 치료에 대해 환자가 선택할 수 있도록 하는 것에 앞서 더 중요한 것은 바로 암을 예방하는 것이다. 암에 걸리고 나서 치료하는 것보다는 당연히 암을 예방하는 것이 우리에게 가장 좋다. 국제암연구소, 국립암센터 등 모든 암 전문 치료 기관에서는 암 예방을 위한 열 가지 수칙을 알려주고 있다. 그 내용에 영양제와 건강 기능 식품을 먹으라는 권고는 그 어디에도 없다. 그것들은 절대 암을 예방해주지 못한다. 간과 콩팥은 그 어떠한 화학물질도 싫어하며 약물 역시 부작용을 감수하고 사용하는 것이기 때문이다. 그렇다면 암 예방 수칙이 무엇인지 왜 자주 알려주지 않는 걸까? 국가 예산이 반영될 때나 금연 광고와 다양한 약물 복용이 가져오는 피해를 공익광고로만 접할 수 있는 까닭은 단순하다. 기업에게는 전혀 돈이 안 되기 때문이다. 그러니 우리 스스로 암을 예방하기 위한 식습관과 생활 습관을 체화해야 한다.

이제 여러 기관에서 암을 예방하기 위해 알리고 있는 공통적인 사항을 살펴보자. 대개 먹지 말아야 할 음식들을 다루는데 그만큼 식습관이 암에 미치는 영향이 크다는 걸 보여주는 셈이다.

첫째, 금주와 금연이다. 술과 담배만 하지 않아도 우리 몸은 회복할 자연 치유력이 높아진다.

둘째, 튀긴 음식을 먹지 말라. 인간이 튀긴 음식을 먹기 시작한 것은 불과 100년도 되지 않는다. 음식을 튀길 때 트랜스 지방과 발암 물질이 나온다.

셋째, 고기류를 먹지 말라. 육류 역시 발암 물질이고, 특히 태운 고기는 치명적이다. 축산업과 낙농업이 세계 시장의 큰 부분을 차지하는 만큼 동물성 식품의 유해성에 대한 정보는 접하기 어려워서 모르고 있을 뿐이다.

넷째, 가공육을 먹지 말라. 단순히 동물성 식품의 유해성을 뛰어넘을 만큼의 치명적인 화학 첨가제가 들어간 것이 햄, 소시지, 스팸, 베이컨 등이다. 가공육에 들어가는 아질산 나트륨은 자살 위해 물질로 지정되었다. 우리 아이들이 자살 위해 물질을 먹고 있다는 뜻이다.

다섯째, 탄산음료를 먹지 말라. 콜라, 사이다 등 아무리 당류 제로, 칼로리 제로 음료라고 눈속임을 해도 주성분인 인공감미료 역시 발암 물질로 등재되었다.

여섯째, 과자, 아이스크림, 냉동 음식인 편의류 음식을 먹지 말라. 여기에는 컵라면부터 모든 것이 들어간다. 튀기거나 화학 첨가제 덩어리인 죽은 가공식품이 우리 인간의 세포를 돌연변이로 만드는 것은 이미 확인된 사실이다.

일곱째, 통조림을 먹지 말라. 건강에 치명적인 수은, 비소, 카드뮴 같은 것을 섭취하게 되기 때문이다. 환경호르몬으로 잘 알려진 BPA와 BPS는 음식 용기로부터 흡수가 된다. 여전히 참치캔 회사에서는 임산부가 먹어도 안전하다는 마케팅을 열심히 하지만 문제는 우리가 다이어트 콜라, 참치 통조림만 먹고 살지 않는다는 것이다. 위에 열거한 모든 것을 우리는 매일 번갈아가면서 먹는다.

여덟째, 통조림에서 시작된 것으로 설탕에 절인 과일을 먹지 말라. 그 어떠한 권위 있는 기관에서도 과일의 과당이 몸에 해로우니 과일을 먹으면 안 된다고 말하지 않는다. 근거로 할 만한 데이터가 쥐어짜도 나오지 않는 이유이다. 단, 설탕에 절인 과일, 즉 한국인들이 흔히 접하는 유자청, 매실청 같은 음식은 멀리해야 한다.

아홉째, 짠 음식을 피하라. 천일염과 죽염이 발달한 우리나라 특성상 잊을 만하면 소금 먹기 마케팅이 나온다. 적정한 수준은 필요하지만 과잉 섭취로 인해 암에 걸리고 치매에 걸리는 고통을 받고 있음을 기억하라.

위에 열거한 아홉 가지는 암을 예방하기 위해 금지하거나 삼가해야 할 음식이라면 공통적으로 암 예방이나 암 치료를 위해 먹어야 할 것은 바로 채소, 과일이다. 하루 일일 권장 섭취량은 평균 400~500그램 정도이다. 이것이 영양제나 건강 기능 식품으로 대체 가능하다고 인정된 경우는 어디에서도 찾아볼 수 없으며, 도리어 부작용이 확인되어 처방을 금지하고 있다.

자연에서 온 채소·과일식을 주식으로 하고 가공식품에서 벗어나고 실제 생활도 자연과 가까이 할 때 암 예방과 치료에도 효과적이라고 말하고 있다. 채소·과일식을 효과적이고 효율적으로 하는 방법으로 갈아 먹거나 착즙해 먹는 방법을 알리고, 당근, 양배추, 사과 세 가지를 갈아 먹는 CCA 주스, 일명 까주스를 전파하고 있는 나에게 사람들이 가장 많이 묻는 질문이 혈당 상승과 간과 콩팥이 상하지 않느냐는 것이다. 위에서 나열한 세계에서 공식적으로 인정하고 전하는 수칙에 채소·과일식을 할 때 갈아 먹거나 착즙해 먹지 말라는 내용은 없다. 앞으로도 나오지 않을 것이다. 핵심은 무첨가 주스이다. 화학물질이 들어가지 않은 게 기준이다.

악마의 유혹, 커피

나는 여기에 더해 암을 예방하기 위해 먹지 말아야 또다른 음식으로 커피를 꼽는다. 피해야 할 동물성 식품에는 이미 고기를 비롯해 생선, 우유, 치즈, 요거트, 요구르트, 버터 등 모든 유제품도 들어가 있다. 커피를 추가로 넣기까지는 짧게는 2035년, 길게는 2045년 정도가 되어야 할 것이다. 그때는 정부에서 공식적인 규제에 나설 것이라고 생각한다. 사실 이미 유럽을 비롯해 우리나라에서도 커피에서 나오는 발암 물질 수치를 규제하고 있다. 이 말은 이미 전 세계적으로 커피에서 발암 물질이 나온다는 것을 각국 정부가 인정하고 있다는 것이다. 술, 담배가 그러했듯이 커피도 결국 성인이 자신의 선택에 따라 책임을 져야 하는 발암 물질이 될 것이다. 이미 커피와 탄산음료는 미성년자에게 먹지 말도록 하고 있으나 현실에서는 술, 담배만큼의 규제가 없는 탓에 우리 아이들이 갈수록 성조숙증과 암에 걸리고 있는 것이다. 이것을 개선하고 치유할 방법은 이미 다 나와 있다. 다만 그에 대한 확신과 믿음을 주기는커녕 불안과 두려움을 키우는 정보가 99퍼센트에 달하기 때문에 실천하지 못하고 있을 뿐이다.

우리가 가장 먼저 해야 할 일

이제 실천하면 된다. 암을 유발하는 식품들을 멀리하고, 내 몸에 긍정적인 영향을 해줄 채소, 과일을 먹으면 된다. 설령 암 진단을 받았다고 해도 절망하지 않길 바란다. 유방암 수술 후 항암제를 계속 먹어야 할지 말아야 할지 고민하지 말길 바란다. 그러한 순간에도 살아 있는 나 자신을 알아차리고 앞으로 어떠한 삶을 살다가 죽음을 맞이할 것인지로 관점을 전환해보면 좋겠다. 시험을 못 봐서, 취업을 못 해서, 승진을 못 해서 가족 간의 불화로 갖가지 이유로 받은 스트레스를 풀기 위해 먹는 가공식품들로 인해 어느 날 암 진단을 받는다는 사실을 기억하라. 결국 우리가 가장 먼저 해야 할 것은 자연에서 온 몸 상태를 만드는 것이다. 이를 위해선 반드시 채소·과일식을 통한 완전 배출을 이루어야 한다. 이 방법만이 암을 포함해 치매 그리고 모든 만성 질환을 완전 치유할 길이다.

인생에서
가장 소중한 인연을
지켜라

: 죽는 순간까지 흔들리지 않을 이유

5

사랑하기를
포기하지 말자

TV 예능 프로그램에서 빠지지 않는 장르가 이른바 먹방, 그리고 리얼리티 연애 프로그램이다. 인류 문화 역사상 사람들이 가장 관심을 가지고 재미있어 하는 부분이 남의 연애사이다. 사랑이라는 두 글자만큼 인류의 모든 것이 담겨 있는 것도 없다. 6.25 전쟁 통에서도 사랑이 피어나고 아이가 태어났다. 그런데 왜 그때보다 100배, 1,000배 넘게 잘 먹고 잘사는 지금에 와서는 결혼은커녕 연애조차 힘들어졌을까? 사람들은 왜 자신의 연애가 아닌 다른 사람들의 연애를 보며 희노애락을 느끼는 걸까? 오죽하면 연애 한 번 못 해본 모태 솔로들이 나오는 연애 프로그램이 인기를 얻게 되었을까? 여러 가지 이유가 있겠지만 한 가지 분명한 것은 먹고살기가 힘들어서는 아니라는 사실이다. 어쩌면 삶의 기준점이 달라졌기 때문은 아닐까? 학벌, 직장, 연봉, 주택 유무, 가족 관계, 건강, 경력, 거기에 키, 몸무게 등 외모까지 이런저런 조건의 기준이 엄청나게 높아진 것이 가장 큰 이유라고 생각한다. 즉 비교 대상의 기준이 높아진 것이다.

오직 사랑만이 공허함을 채운다

이 역시 발달된 미디어에 의해 삶이 잠식된 결과이다. 한강이 보이는 아파트, 스포츠카, 맛집 탐방, 세계여행, 끊임없이 쏟아져 나오는 신제품들, 하나씩은 갖고 있어야 하는 명품 가방부터 철마다 바꿔야 하는 핸드폰까지 소비할 것들이 계속 생기니 결혼 비용이나 자녀에게 쓸 돈은 이번 생에는 엄두도 안 나게 되었다.

물론 개인의 인생을 중요시 여기는 것은 당연하고 그것은 지극히 자연스러운 변화이다. 특히 결혼을 꼭 해야 하는지, 자녀를 반드시 낳아야 하는지를 묻는다면 나는 '아니다'라고 대답할 것이다. 진정한 문제는 사랑 없이 사는 인생이다. 더 이상 결혼과 출산이 사랑의 종착지인 시대는 아니다. 그럼에도 우리는 사랑만이 공허함을 채울 수 있는 시대를 살고 있다.

사람들은 공허함을 인간 대 인간의 사랑이 아닌 다른 것으로 채우려고 한다. 극명한 예로 반려견, 반려묘를 키우는 인구가 1,000만 명이 넘는다. 반려동물을 키우는 데 어려움이 없지는 않지만 남녀 사이나 부모 자식 사이처럼 복잡하지 않고, 경제적으로나 시간적, 감정적으로 결혼 생활을 하고 자녀를 기르는 것에 비해선 확실히 비용도 적게 들어 선택하고 있는 것이라고 생각한다.

그럼에도 인간의 삶을 가장 충만하게 해주는 요인은 사람이라는 것에 이견을 가진 이들은 많지 않을 것이다. 다만 결혼과 출산은 더 이상 2030 세대들에게 강요할 문제가 아니다. 국가 정책으로 접근할 문제도 아니다. 행복해지기 위해서 스스로 선택할 수 있도록 해야 한다. 당신이 사랑을 선택한다면 무엇을 얻을 수 있는지 생각해보자. 물질적인 풍요만 찾아서는 삶이 달라지지 않는다. 사실 이른바 흙수저, 금수저라는 계급을 나누는 것 역시 오늘날에만 해당되는 것이 아니다. 이는 그저 새로운 표현의 등장일 뿐 다른 말로는 팔자와 운명이다. 불과 100년 전까지만 해도 신분 계급이 있었고, 나는 전생에 무슨 잘못을 했기에 노비의 자식으로 태어났을까 혹은 왕의 자식으로 태어나 비극적인 삶을 살다 가는가 하면서 자신의 운명을 한탄했을 것이다.

결국 인간이 태어나는 것은 스스로 선택할 수 없는 영역이다. 죽음, 그리고 태어난 환경 역시 선택할 수 없는 영역이다. 하지만 그 모든 것을 뛰어넘어 당신은 사랑을 선택할 수 있다. 인류 역사에서 신분 계급 같은 걸 모두 뛰어넘은 사랑 이야기는 무수하게 많지 않은가? 사랑을 선택했을 때 당신의 인생에 찾아들 풍요로움을 떠올려보자. 80대가 되어서도 소박한 집에서 여전히 소년, 소녀처럼 함께 장난치고 웃는 노부부의 모습은 어떤가? 궁전 같은 집에서 살지만 쓸쓸히 혼자서 밥 먹고 생활하는 모습보다는 훨씬 행복해 보이지 않는가?

성공하고 싶다는 이유로, 혹은 혼자가 편하다는 이유로 인생의 빛나는 시절인 20대, 30대를 그냥 보내지 않길 바란다. 내가 어떤 환경에서 태어나 부모님께 어떠한 사랑을 받고 자랐든, 혹시라도 자라면서 사랑을 받지 못했든 그건 중요하지 않다. 사랑은 당신을 새롭게 태어나게 해줄 것이며 기적과도 같은 힘을 발휘하게 해줄 것이다. 특히 20대에만 느껴볼 수 있는 사랑의 감정이 있으니 그 시절을 놓치지 말길 바란다.

문화 예술로 사랑의 감정을 마음껏 느껴보라

모든 문화 예술은 사랑에 대해서 노래하면서 발전했다고 해도 무방하다. 그러니 직접 사랑하는 이를 만나는 것이 가장 좋지만, 예술 작품을 통해 사랑의 감정을 공감하는 것으로 시작해볼 수도 있다. 책을 통해서 얻을 수도 있지만 가장 빨리 간접경험을 할 수 있는 것이 드라마와 영화이다. 한 편의 영화나 드라마에는 수천 권의 책이 녹아 있다. 그냥 순간 스쳐 지나가는 대사조차도 많은 의미를 담고 있으니 책을 읽기 어렵다면 영상으로 많은 정보를 얻는 것도 좋다.

우선 꼭 보길 추천하는 드라마로 배우 공유와 김고은 주연의 〈도깨비〉를 꼽고 싶다. 이 드라마에는 전생, 환생, 죽음 이후의 세계, 귀신, 희생, 헌신, 길흉화복, 인과응보, 사랑 등 우리가 궁금해하는 모든 내용들이 압축되어 있다. 이 드라마에 나오는 대사는 정말 하나도 놓칠 것이 없고, 볼 때마다 유머나 농담조차 곱씹게 된다. 그중 주인공 은탁(김고은 분)과 저승사자(이동욱 분)가 나눈 대화는 죽음에 대해서 다시 한 번 생각해보게 한다.

은탁은 말한다. "저 죽어요? 저 이제 겨우 열아홉인데?" 그러자 저승사자는 무표정한 얼굴로 대답한다. "아홉 살에도 죽고, 열 살에도 죽어. 그게 죽음이야." 죽음에 관해 이렇게 절묘한 표현이 있을까? 저승사자의 말처럼 우리는 태어난 순간 이미 죽음과 함께한다. 죽음은 애써 막을 필요가 없다. 누구에게나 찾아오는 일이니 말이다.

이 드라마는 보면 볼수록 삶, 인생, 죽음, 사랑에 대해 여러 가지를 깨닫게 한다. 여기에 드라마 OST까지 감동을 주는 완벽한 드라마이기에 2017년 처음 방송된 이후 매년 전편을 재방송해주고 있다. 드라마의 성공 후 소설로도 출간되었으니 읽어보길 추천한다.

음악도 사랑의 감정을 느껴보는 데 좋은 모티브가 된다. 추천하는 노래는 양희은 가수의 〈사랑 그 쓸쓸함에 대하여〉이다. 특히 가사에 귀를 기울여보길 권하는데 1991년 양희은 님이 직접 작사한 곡이다.

다시 또 누군가를 만나서 / 사랑을 하게 될 수 있을까
그럴 수는 없을 것 같아 / 도무지 알 수 없는 한 가지
사람을 사랑하게 되는 일 / 참 쓸쓸한 일인 것 같아
사랑이 끝나고 난 뒤에는 / 이 세상도 끝나고
날 위해 빛나던 모든 것도 / 그 빛을 잃어버려
누구나 사는 동안에 한번 / 잊지 못할 사람을 만나고
잊지 못할 이별도 하지 / 도무지 알 수 없는 한 가지
사람을 사랑한다는 그 일 / 참 쓸쓸한 일인 것 같아

이 노래의 가사가 주는 메시지를 이해하고 공감하려면 분명 경험치가 필요하다. 특히 20대에 무조건적인 사랑을 경험하지 못했다면 30대, 40대에 갖는 감정은 빈곤할 수밖에 없다. 눈만

높아지고, 조건만 따지면서 정작 서로를 이해해주고, 서로를 위해 헌신할 수 있는 상대를 만나지 못한다. 그러니 돈과 시간에 구애받지 말고 우선 다양한 사람을 만나보라고 가장 먼저 권하고 싶다. 인생은 짧고, 20대는 정말 순식간에 지나간다. 앞이 잘 안 보이는 시절일 수도 있고, 막막하고 힘든 시간일 수도 있다. 하지만 20대에 사랑을 경험하고 추억을 만든다면 분명 30대와 40대는 한층 더 행복한 삶을 살 수 있다.

그 외에도 추천 영화로 줄리아 로버츠와 휴 그랜트 주연의 〈노팅힐〉을 들고 싶다. 이 영화를 통해 당신은 사랑이 얼마나 예기치 않게 찾아오는지 느낄 수 있을 것이다. 최근 영화로는 틸다 스윈튼 주연의 〈3000년의 기다림〉이라는 영화도 드라마 〈도깨비〉를 보고 나면 더욱 느껴지는 바가 많을 것이다.

이외에 인생 영화는 모건 프리먼 주연의 〈쇼생크 탈출〉, 톰 행크스 주연의 〈포레스트 검프〉인데 이 영화를 통해 인간의 자유 의지와 살아 있음에 감사함을 느낄 수 있기에 추천한다. 영화에 대한 관심이 좀 더 많다면 〈인터스텔라〉를 추천한다. 중간중간 졸릴 수도 있겠으나 여러 번 보다 보면 우주여행을 통해 시공간을 초월하는 힘은 결국 사랑이라는 메시지를 찾을 수 있을 것이다. 우주여행을 배경으로 한 또 다른 영화인 제니퍼 로렌스 주연의 〈패신저스〉를 통해서도 운명, 운, 행운, 불행에 대해 생각해볼 수 있다. 상상력이 가득한 영화를 재밌어 한다면 브래드 피트 주연의 〈벤자민 버튼의 시간은 거꾸로 간다〉를 통해 결코 포기하지만 않는다면 삶은 어떻게든 흘러간다는 메시지를 얻을 수 있다.

한국 영화로는 사랑이란 결국 상대가 아닌 나의 선택이라는 것을 느끼게 해주는 한효주 주연의 〈뷰티 인사이드〉를 추천한다. 마지막으로 최민식, 스칼릿 조핸슨 주연의 〈루시〉는 인간의 존재 이유에 대해 생각하게 해주는데 '우린 10억 년 전에 생명을 선물 받았다. 그걸로 무얼 해야 하는지 알겠지?'라는 메시지가 볼 때마다 많은 생각을 하게 한다.

이러한 영화들은 여러 번 볼수록 느껴지는 바가 좀 더 크게 다가온다. 영화 한 편만으로도 인생의 깨달음을 얻을 수 있는 시대인 것은 참 축복받은 일이다. 인간은 기본적으로 이야기를 좋아한다. 스토리, 서사 이것들이 인류 역사를 기록하고 유지하고 진화시킨 근본적인 힘이다. 당신 역시 당신만의 인생 서사를 만들어나가길 바란다.

사랑을 선택할 때 얻을 수 있는 것들

여기에서 추천한 드라마, 음악, 영화가 말하고자 하는 것은 정해진 운명이 있는 것이 아니라 운명조차 바꿀 수 있는 것이 인간의 자유 의지이고, 그 힘을 발휘하게 해주는 가장 강력한 힘이 사랑이라는 것이다. 당신이 이런 메시지에 공감할 수 있게 되길 바란다. 사랑을 선택할 때 당신은 무엇이든 이룰 힘을 가질 수 있으니 말이다.

30대 중반이 넘어 여러 다양한 경험을 하게 된 나의 경우 모든 조건, 상황에서 벗어나 진짜 내 가족을 이루고 싶은 사람을 만났다. 그 결과 양가 부모님들께만 인사를 드린 채 상견례나 결혼식 없이 만난 지 3개월 만에 지금의 아내를 서울에서 목포로 데려와 함께 살기 시작했다. 혼수, 예단, 예식 이러한 형식적인 것들에서 벗어나 둘만의 시간과 추억을 만드는 데 집중했고, 세 번째 만남에 프로포즈 여행을 떠나자고 했으며, 이후 프랑스 웨딩 촬영 여행, 하와이 신혼여행을 통해 허니문 베이비가 찾아왔다. 그렇게 총 5번의 만남 끝에 함께 살며 아들을 얻게 되었고, 비로소 진짜 어른이 되었다. 인생에 있어 행복은 결코 돈이 아닌 사랑이라는 가치관이 함께 만들어졌기에 가능했던 일이다. 이처럼 정말 운명처럼 만난 천생연분과 동화 속 해피엔딩처럼 안 싸우고 행복하게만 살았을까? 절대 그렇지 않다. 힘든 순간들을 함께하며 이겨내고 성장해왔다. 그것이 진정한 인생의 동반자이다.

소울메이트는 항상 나를 이해해주고 아껴주며 사랑해주는 사람이 아니다. 어떠한 상황에서도 나를 결코 포기하지 않는 사람이다. 그리고 사랑을 하는 데 한계를 짓지 않는 것에서부터 자기계발은 시작된다. 제발 MBTI와 같은 세상이 만들어 놓은 틀에 스스로를 그리고 상대방을 가두지 마라. 사랑은 그 프레임에 가둬두기엔 우주처럼 광활하고 끝없다.

부모가 된다는 건
나를 성장시키는 일이다

부모가 된다는 것은 경이로울 만큼 충만한 일이다. 하지만 그 여정은 쉽지 않은 게 사실이다. 오직 상대방만을 바라보고 함께 해주는 것만으로 감사한 존재를 만나 사랑을 하고, 사랑받는 것만으로도 삶이 충만해지는 마음으로 결혼과 출산 과정을 함께했음에도 육아는 달랐다. 자연주의 출산을 준비하면서 행복하게 보내고, 아이가 태어난 후 한 달간 산후조리원에서 함께 지낼 만큼 모든 것을 함께했다. 그런데 아내와 아들이 크게 아프지 않은 것에 감사했지만 힘든 건 힘든 거였다. 아들을 밤에 따로 데리고 자면서 점차 체력이 고갈되었고, 결국 아내와 아들을 처가로 보낼 수밖에 없었다. 떨어져 있는 동안 나라는 사람이 얼마나 부족하고 이기적인 존재인지 깨달았다. 마흔 살이 되어서야 온전히 나라는 사람의 기질을 알게 되었다. 역으로 말하면 자식을 키우지 않았다면 나는 절대 인생에서 성장할 수 있는 한 계점을 뛰어넘지 못했을 것이다.

아이를 키우며 감사를 배우다

우리는 아내의 바람에 따라 2년간은 아이를 어린이집에 아예 보내지 않았다. 이렇게 함께 최선을 다했지만 둘 다 체력적으로 한계에 부딪혔다. 그래서 아내를 설득한 끝에 시간제 보육을 시작으로 하루에 3~4시간씩 어린이집에 보내 적응해나갔다. 그것도 매일 보내기 싫어하는 아내의 의견을 받아들여 종일 세 식구가 함께 보냈다. 네 살이 되어서야 유치원에 보내기로 하고 코로나 시기가 맞물리면서 대부분의 시간을 집에서 함께 보냈다. 그리고 낮에 힘든 아내를 위해 보통 밤 9시에 내가 아이를 재우러 들어가서 밤새 돌봤다. 내 첫 책인《채소·과일식》을 쓰면서는 2~3시간마다 분유를 타 먹이면서 글을 썼을 정도이다. 아이가 키보드와 마우스 소리에 깨서 울던 때에 비하면 지금은 정말 편하게 글을 쓰고 있는 셈이다.

유치원에 보내기 시작하면서는 적응하는 아내와 아들을 위해 등·하원을 함께 했다. 인생을 놓고 볼 때 다시는 오지 않을 순간이고, 힘든 시간을 인생의 동반자와 함께 이겨낸 유대감을 쌓을 유일한 시간이라고 생각했기 때문이었다. 돈은 나중에 벌 수도 있지만 설령 못 번다고 해도 가족과 함께 보내는 시간은 다시 살 수도 없고, 돈으로 환산할 수 없을 정도의 가치가 있다고 생각했기에 내린 결정이었다.

아이를 키우는 과정은 이렇게 하나하나 내게 중요한 가치를 우선순위에 두고 선택해가는 일이었다. 더불어 나는 주어진 현재의 상황에 더 감사하게 되었다. 초창기에 힘든 육아에서 벗어나고 싶었을 때 했던 선택의 결과가 얼마나 큰 고통을 주었는지 기억하고 있기에 오늘에 더 감사할 수 있게 된 것이다.

함께하는 순간의 가치를 서로 교감하라

일반적으로 연애를 하다 결혼한 뒤 가장 크게 싸우는 이유는 상대방에게 기대했던 것들이 실망으로 바뀌기 때문이다. '조건 없이 나와 함께 살아줘서 고맙다'라는 생각으로 시작했던 마음은 온데간데없이 사라지고, 상대에게 바라는 것이 많아지고 의지하면서 싸움이 시작된다. 육아를 하면서 원만한 부부 관계를 이어가려면 서로를 더 이해하려는 마음과 함께 감사한 마음을 가져야 한다. 우리 부부도 역시 처음에는 시간을 나눠서 육아를 하다가 어느 순간부터는 효율성을 따지기보다는 함께하는 순간에 의미를 두기 시작했다. 육아로 힘든 것보다 이 상황에 짜증 나고 신경질적으로 바뀌는 내 마음을 알아차리면서부터 육체적으로 힘든 것도 이겨낼 수 있었기에 가능했던 일이었다. 무엇보다 근본적으로 내가 육아를 귀찮아한다는 사실을 받아들이고 나니 한결 마음이 편해졌다. 모순적으로 들리겠지만 부모가 될 자격이 없다는 걸 깨달은 순간, 부모로서 내가 해야 할 역할이 더 명확해졌고, 상대를 탓하는 대신 해야 할 일을 받아들일 수 있었다. 덕분에 삶은 더 충만해졌고, 인생의 성장도 맛볼 수 있었다.

육아는 부부가 서로를 이해하는 것이 먼저이다

사실 육아에 앞서 부부가 서로 의견을 깊이 있게 나누는 것이 우선되어야 한다. 처음 아내와 만나서 결혼을 의논하고 자녀 계획에 대해 얘기를 나누면서 자연주의 출산과 가능하면 아이는 세 명을 낳자고 합의했었다. 우리는 서로 이렇게 뜻을 모았지만, 인생은 원래 뜻대로 안 되는 일이지 않은가. 특히 자녀 계획은 더욱 그러하다. 아내가 임신했을 때 우리는 수중분만을 계획하고 두 달에 한 번씩 목포에서 서울로 올라가 자연주의 산부인과를 다니며 즐거운 시간을 보내기도 했다. 하지만 정작 출산을 위해 서울로 올라가기로 한 날 진통이 시작되어 차에 탈 수도 없을 정도가 되었다. 집에서 낳겠다는 아내의 뜻에 따라 욕조에 들어가는 순간 피가 쏟아져 나왔고, 그간의 굳은 결심은 온데간데없이 사라졌다. 아내가 잘못되면 안 된다는 생각에 119를 불러 구급차를 타고 병원으로 향했고, 다행히 병원에 도착한 지 30분 만에 무사히 아이를 낳았다. 3대 굴욕이라는 제모, 관장, 회음부 절개는 하지 않았으나 아기에게 달린 태반이 며칠에 걸쳐 자연스럽게 떨어져 나갈 때까지 기다리는 연꽃출산은 하지 못했다. 사람 마음이라는 게 그렇게 간사하다. 만약에 아내나 아기가 잘못되었다면 이런 아쉬운 생각들은 지금 하고 있지도 못할 테니 말이다.

잘해주든 못해주든 우리 아이는 아빠를 좋아한다. 함께 보낸 시간이 정말 많기 때문이다. 이렇게 적극적인 육아를 하다 보면 자칫 육아나 양육 방식에 있어서 부부가 서로 다투는 경우가 생길 수 있다. 나 역시 한때는 함께 한다는 이유로, 도와준다는 착각으로 내 마음대로 하며 아내를 힘들게 한 적도 있었다. 아내가 한 번씩 아들을 재워주면 좋겠다고 생각했었고, 교대를 안 해주는 거에 서운한 적도 있었다. 하지만 아내가 정말 아파 입원하거나 사고로 인해 싱글 대디의 삶을 살 수도 있고, 실제 그렇게 살아가는 많은 이들에 비해 얼마나 감사하고 행복한 삶인지 깨달은 순간부터는 웬만한 것은 모두 아내 뜻을 따르고 있다. 지나면 모두 다 사소한 것들이고 아이는 엄마 마음이 편하고 행복할 때 가장 행복하게 잘 자라기 때문이다.

먹는 것에 있어서도 가공식품을 안 먹이는 것만으로도 충분하기 때문에 식전 공복에 과일을 먹이라고 더 이상 잔소리하지 않는다. 우리 아이는 네 살이 되도록 가공식품을 하나도 먹지 않고 컸다. 어떻게 그럴 수 있냐고 생각하겠지만 자식의 식생활 습관은 정말 부모하기 나름이다.

부모가 되어 깊어진 인생

우리는 부모가 되기 전에 여러 가지 공부를 하고 서로의 생각을 나누었기에 아이를 키우는 과정에서 큰 의견 충돌은 없었다. 예컨대 많은 오해로 인해 젊은 여성들이 제왕절개를 당연시한다. 조금만 공부하면 그것이 얼마나 산모와 아기에게 치명적인 결과를 가져올 수 있는지 알게 된다. 아내는 평소 이러한 공부를 해왔기에 아기가 태어나자마자 받는 각종 검사 등을 하지 않는 것에 대해 충분히 이해해주었다. 물론 아이가 아플 때는 다른 부모들과 마찬가지로 마음이 아프고 힘들었다. 내 아내는 한약조차 먹이는 걸 싫어해서 우리 아이는 항생제는 커녕 진통·해열제 한 번 먹지 않았다. 다행히 커가는 과정에서 고열 증상을 보이거나 감기에 걸렸을 때도 대부분 아빠와 함께 이겨내며 건강하게 잘 자랐다.

물론 이 과정이 쉽지는 않다. 아프다며 우는 아이를 보니 '이러니 어찌 부모들이 진통제와 해열제를 안 먹일 수 있을까', '병원에서 입원하라고 하면 안 할 수가 없겠구나'라는 생각이 들기도 했으니 말이다. 이런 일들을 겪으며 나는 새삼스럽게 부모님의 사랑도 다시 한 번 깨달았다. 사남매로 자라며 병원에 입원한 적은 없었지만 나 역시 이렇게 부모의 보살핌 속에서 어린 시절을 보냈겠구나 생각했다. 자식을 낳아 키워봐야 부모 속을 안다는 옛말이 딱 맞았다.

이런 육아의 경험은 예방원을 찾아오는 부모들을 대하는 나의 자세에도 많은 영향을 미쳤다. 아이가 조금만 아파도 응급실로 달려가는 부모들에게 내가 경험한 것들을 이야기해줌으로써 다른 방식을 고민하게끔 도와주게 된 것이다. 아무래도 책으로 보는 것과 실제 경험이 다르니 부모들에게도 도움이 될 것이라 생각했다.

아이를 키우는 과정은 늘 어려움이 따른다. 혹자는 내가 예방원을 운영하고 있으니까 그렇게 함께 육아를 할 수 있지 않았겠느냐는 궁금증을 가질 수도 있다. 그런데 자기 사업을 하면 오히려 시간을 빼기가 더 힘들다. 차라리 직장인으로 육아휴직을 하는 게 나을 것 같다는 생각이 들 만큼 예방원 운영, 강연 활동과 함께 육아를 조율해가면서 3년을 보냈다. 물론 그 가운데 힘들 때는 보상심리가 발동해서 나 좀 봐달라고 힘든 아내를 더욱 힘들게 했던 철없는 시간도 있었다. 엄마 이외에 유일하게 오랜 시간 나를 떠나지 않고 내 아이를 낳아준 유일한 사람이 아프지 않은 것만으로도 감사한 일인데 말이다.

다행히 우리 부부는 힘든 시간을 서로 기대며 버텨냈다. 우리는 장애를 가진 부부가 결혼해서 육아하는 다큐멘터리들을 함께 공유하면서 힘든 시간을 이겨냈다. 무서울 것도 두려울 것도 없이 사랑 하나로 아이를 키워내는 모습을 보면서 많은 것을 깨달았다. 감사할 게 얼마나 많은지 말이다. 지금도 우리는 장애를 극복하며 결혼 생활을 하고, 육아를 하며 당당히 세상에 서 있는 부부나 가족들의 영상을 자주 본다. 그분들의 삶에서 배울 것들이 너무나 많기 때문이다.

물론 이런 감사함을 깨달았다고 해도 내 깜냥이 그것을 유지할 만큼이 아니라는 걸 알기에 계속 일깨우는 수밖에 없다. 바로 마음 수행과 정진이고 이것이 곧 자기계발의 완성이다. 수백억 원의 돈을 번다한들 결코 누릴 수 없는 행복한 순간들이 바로 사랑하는 사람과 새로운 생명을 키우고 독립시켜 가는 과정에서 찾아온다.

그걸 경험했기에 나는 난임으로 고통받는 많은 부부들과 상담하며 입양을 적극적으로 생각해보라고 권한다. 입양에 대해서 생각해본 적이 없거나 회의적인 경우에는 상담을 하면서 임신과 출산에 대해서만 집착하고 있진 않은지, 그 이후 더 중요한 자식을 키워나가는 과정은 생각하지 않고 있는 건 아닌지, 내 핏줄인 자식에만 욕심을 내는 것일 뿐 아내가 힘들어하는 것은 보지 못하고 있는 건 아닌지 이야기해준다. 육아가 훨씬 더 많은 에너지가 든다는 사실을 대부분은 간과하고 있기 때문에 그토록 바라던 자식이 태어난 이후 독박육아, 산후 우울증 등에 시달리며 부부 사이가 멀어지는 경우가 너무도 많다는 것도 다시금 일깨워준다.

스스로가 채워지고 진짜 나를 발견하는 시간

우리 부부의 자녀 계획은 애초에 계획했던 세 명에서 한 명으로 마무리가 되었다. 육아가 죽을 만큼 힘들어서라기보다는 앞서 밝힌 대로 내가 귀찮아하는 걸 깨달았기 때문이다. 사랑하는 아내를 위해 잠을 따로 자고 아기가 아프면 밤새 간호할 뿐이지 자식에 대한 애정 자체가 아내만큼은 크지 않음을 알았기 때문이다. 분명한 건 아내도 이 사실을 알기에 고맙게 생각하고 있다는 점이다. 더 바라는 거 없이 본인의 체력이 되는 한 4년이라는 시간을 아이와 함께하려고 최선을 다했다. 서울에서 생활하던 아내는 목포에 친구가 한 명도 없어서 대부분의 시간을 아이와 함께했다. 나 역시 결혼 후에 저녁 모임을 가진 적이 없다. 다른 친구가 필요 없을 만큼 서로로 인해 삶이 충만해진 것도 이유였다. 이는 수백억, 수천억 원의 자산이 있어도 결코 채워지지 않는 부분이다.

나는 결혼과 육아를 하면서 이런 경험을 누리고 있다. 요즘은 결혼하지 않고도 여행도 다니고 동거도 하고, 이혼을 몇 차례씩 해도 개인의 인생에 대한 결정을 존중해주는 시대이다. 다만 아이를 키운다는 건 인생에 있어 큰 의미를 주는 만큼 책임이 따르는 일이다. 혹자는 아이는 그냥 놔두면 저 혼자 큰다고 말한다. 그 말도 분명히 맞다. 하지만 육아는 또한 많은 관심과 에너지를 써야 하는 일인 것도 맞다. 힘든 일인 것이 사실이지만 아이를 키우면서 분명 부모도 함께 성장한다. 게다가 아이란 존재는 얼마나 큰 선물인가. 난임 부부들에게는 그토록 갖고 싶은 아이가 내게 찾아와준 것만으로도 얼마나 감사한 일인지 생각해보면 좋겠다. 결국 어떠한 상황에 처했든 괴로울 것인지 행복할 것인지는 내가 선택하는 것이다. 상황에 의한 것이 아니란 말이다.

아무튼 연애와 결혼 그리고 육아는 내 진짜 모습을 찾고, 받아들이는 과정이기도 하다. 누구나 자신의 바닥을 경험하고 있는 그대로 받아들인다는 것은 고통스러운 일이다. 너무나 힘들기 때문에 상대방을 탓하며 외면하려고 하는 것이다. 예전에는 이런 상황을 극복하지 못해도 참고 살았지만 요즘은 결혼 생활이 자신이 생각했던 것과 조금만 달라도 이혼을 한다. 물론 그 선택 역시 존중받아야 할 일이다. 하지만 회피하려고 하면 또 다른 사람을 만나도 똑같은 상황이 반복될 뿐이다. 같이 살아가려면 상대가 아닌 나라는 본질적인 것이 바뀌어야 한다. 그렇기에 가정을 이루고 자식을 함께 키우는 일은 진정한 수행이라고 할 수 있다. 이를 통해 우리는 진짜 삶의 목적과 이유를 발견하고 동기부여를 얻을 수 있다. 두려워하지 않고 도전할 충분한 가치가 있는 일이 아닌가? 돈도 시간도 문제가 되지 않는다. 중요한 건 포기하지 않는 내 마음가짐이다.

하고 싶은 일, 해야 하는 일
모두를 행복하게 하는 법

한약사의 가장 큰 이점은 약국 개설권자인 면허를 가진다는 점이다. 취업 경쟁은 대기업 입사보다는 낮지만, 그래도 면허증을 취득하는 데까지 최소 5년이라는 시간이 필요했다. 한약사 면허 외에도 나는 국가 자격증인 피부관리사, 유통관리사와 민간 자격증인 심리상담사, 펀드판매인력 능력평가, 스포츠 트레이너, 스피치 지도사, 스트레스 관리사, 웃음 지도사, 펀리더십 지도사, 레크레이션 지도사, 스킨스쿠버 등의 자격증을 가지고 있다. 이 중 대부분은 약대를 다닐 때 딴 것인데 평생교육원을 이용하면 비용도 그리 많이 들지 않는다. 이처럼 나는 한약사라는 면허증에 만족하지 않고 계속 스펙 쌓기에 열중했었다. 상업자본주의 시대인 오늘날 우리는 모두 무한 경쟁 속에 살고 있다고 생각했기 때문이다.

우리는 스스로 남들과 차별화를 해야 하고 내가 가진 능력을 객관적으로 입증해야 하며 더 나아가 자신을 잘 마케팅해서 시장에 팔 수 있어야 살아남는 시대에 살고 있다. 그런데 정말 우리가 괴로운 이유가 끝없는 경쟁 때문일까? 상위 1퍼센트 중에서도 0.1퍼센트만 진학한다는 의대를 나와 의사의 삶을 사는 이들이 모두 행복하게 사는지를 보면 답은 쉽게 나온다. 유치원부터 의대를 목표로 하며 철저하게 부모에 의해서 길러진 삶은 결코 행복하지 않다. 행복은 좋은 직장에 취업하고, 공무원 시험에 합격하고, 승진하고, 연봉이 오르는 것과 비례하지 않는다. 이것을 깨달아야 쉽게 번아웃 되지 않고, 공허함, 허탈함, 우울감에 빠지지 않을 수 있다.

내가 찾은 행복은 돈이 아니었다

30대 초반에 새로운 목표를 세우고 지내온 지 이제 10년이 넘었다. 1만 시간의 법칙이 꼭 결실을 맺어야 성공한 인생이 아니라는 걸 이제는 안다. 물론 예방원을 처음 개업할 때만 해도 많은 돈을 벌고자 하는 계획도 있었다. 그런데 임상에서 다양한 이들을 만나 상담을 해가면서 사람들이 왜 이렇게 불행하고 고통스러워하는지, 나 역시 그 굴레에서 벗어나지 못하고 있는지에 집중하게 되었다. 그러면서 단순히 몸이 아파서 불행한 것이 아니라 마음의 괴로움 때문에 몸도 아프고 고통에서 헤어나지 못하고 있다는 것을 깨달았다. 나는 이 깨달음을 계속 전파하고자 강연을 하고 책을 쓰게 된 것이다. 돈을 목적으로 한다면 예방원 직원을 수십 명으로 늘리고 한약 판매에 열중하면 훨씬 더 많은 수익을 빠르게 얻을 수 있을 것이다. 하지만 그렇게 사는 인생이 최소한 내게는 결코 행복한 일이 아니라는 것을 알기에 보다 가치 있는 일에 시간을 쓰고자 마음 수행을 계속 하고 있다. 물론 이런 모든 일을 이해해주는 고마운 아내 덕분이기도 하다.

우리는 10대부터 경쟁사회에 들어선다. 그 안에서 자격증이나 높은 토익 점수가 취업에 필요한 것도 사실이다. 게다가 자신이 목표한 바를 이루기 위해서 주저 없이 시간과 에너지를 쏟아 자격증을 취득하는 것 자체도 의미 있는 일이다. 다만 한 가지는 기억해야 한다. 설령 내가 원하는 바를 이루지 못해도 삶이 괴롭지 않아야 한다는 것이다. 자격증이나 높은 점수가 결코 나를 증명해주거나 내 가치를 높여주는 것이 아니기 때문이다. 아무것도 안 하고 지내면 좋겠으나 생계를 해결하기 위해 우리는 움직여야만 한다. 여기서부터 문제가 발생한다. 덜 움직이고 수입은 좋은 일을 얻고 싶은 마음이 알게 모르게 생겨나기 때문이다. 바로 이 욕망과 욕심을 알아차려야 한다. 이는 능력과는 상관없는 것이다. 그저 다른 사람들, 그중에서도 돈을 많이 벌고 사치하는 이들을 기준으로 삼다 보니 괴로워지는 것이다. 그렇다고 자연에 들어가서 살라는 것도 아니다. 현재 주어진 상황에 맞추어 욕심을 부리지 않으면 된다.

조금 다르더라도 내가 행복한 일을 찾아라

성공을 위해 지금 불행하더라도 이 악물고 죽어라 노력해서 원하는 결과를 얻었을 때 잠깐은 행복할지도 모른다. 하지만 그 순간이 지나면 금세 괴로워지는 게 삶이다. 이는 삶의 기본 원리이지만 이를 계속 인지하면서 살아가기란 아주 어렵다. 그럼에도 이런 진실을 기준점으로 잡고 목표를 세우고 실행해간다면 그 과정에서도 즐겁게 시간을 보낼 수 있고, 또 목표에 도달할 확률도 높아진다. 결과가 나의 행복도에 영향을 미치지 않게 된다는 것이다.

인생이란 자연의 법칙이 확률에 따라 일어날 수 있는 모든 일이 일어나는 것이라고 생각하면 마음을 들볶으며 억울해할 일도, 환경을 탓하며 살아갈 일도 점차 줄어든다.

결국 무엇이든 마음에 달려 있다는 뜻이다. 그래서인지 세계적인 명문대에서도 학업 성적과 더불어 점점 더 봉사 활동을 중요하게 여기고 있다. 내가 아닌 타인을 돕는 경험을 통해 자신의 목표 실현이 단순히 부와 명예를 얻는 데 그치는 것이 아니라 사회 공헌을 할 때, 즉 더 많은 사람들에게 선한 영향력을 미치는 삶이 될 때 행복하다는 가치를 알게 되길 바라는 것이다. 이런 세계적인 추세에도 불구하고 우리나라의 경우는 안타깝게도 이런 봉사 활동조차 스펙으로 치부하면서 입시 전담 컨설팅을 통해 만들어내고 있다. 아이가 스스로 자신의 인생을 더 행복하게 만들어갈 수 있는데도 그것을 가만히 놔두지 않는 셈이다. 그러니 부모가 금수저일수록 자식의 행복지수는 떨어지는 경우가 많은 것이다.

무수히 많은 부의 법칙, 자기계발의 성공 법칙 역시 또 다른 소비를 위한 마케팅인 것은 분명하다. 그런 여러 정보들을 충분히 배우고, 습득하여 자기 것으로 만들었을 때 나를 더 잘 팔 수 있는 것도 사실이다. 그런데 핵심은 그것들을 기반으로 자신만의 길을 찾는 것이다. 누구나 부러워하는 직업이나 조건에 연연하지 않으면서 말이다.

나 역시 일반적인 한약사들과는 아주 다른 길을 가고 있다. 지금 현재의 모습만을 보고 부러워하거나 시샘하거나 때로는 비난하는 등 여러 다양한 시선들이 존재한다. 그런데 내가 방송에 출연하고, 강연을 하고, 책을 내는 것은 유명해져서 돈을 많이 벌기 위해서가 아니다. 나도 돈을 좋아한다. 다만 내 인생이 돈에 끌려다니지 않도록 유의할 뿐이다. 그래서 무언가 결정을 할 때도 나만의 원칙을 기준으로 삼는다. 내 인생이 더 행복해질 것인가, 삶이 더 충만해질 것인가가 바로 그 기준이다. 매달 나가는 여러 대출 이자를 빨리 없애려고 전전긍긍하지 않는다. 약대에 다니면서 받은 학자금 대출은 이자율이 낮아 한참을 갖고 있었다. 그러다 내가 이것을 빨리 상환할수록 더 어려운 상황에 처한 누군가가 도움을 받을 수 있겠다는 생각이 들어 우선적으로 상환했다. 누가 시켜서 한 일도 아니고 여유가 있어서 한 것도 아니지만 매달 기부하는 것 이상으로 삶을 풍요롭게 해주는 결정이 됐다.

해야만 하는 일도 괴로움 없이 해내는 힘

진정으로 삶이 풍요롭고 자유로워지려면 좋아하는 일, 잘하는 일, 해야만 하는 일, 이 세 가지를 잘 구별해야 한다. 먹고살기 위해 하기 싫은 일도 할 수 있을 때 어른이 됐다고 말할 수 있다. 자신에 대해 기본적으로 책임을 질 수 있는 삶의 자세를 지넜을 때 부모를 포함해 누구에게도 얽매이지 않고 자유롭게 살아갈 수 있다. 평생 직장이라는 개념 없이도 잘 살아갈 수 있다. 가장 먼저 자신이 좋아하는 일과 잘하는 일을 찾으면 좋겠지만 그건 그렇게 간단한 일은 아니다. 충분히 많은 경험과 시간이 필요하다. 그런데 1퍼센트 성공에 불과한 경우를 보고 10대 때부터 주식이나 부동산, 가상화폐 투자로 대박을 치거나 유튜브 채널로 성공한 경우, 기발한 아이디어로 돈을 왕창 버는 이들과 자신을 비교하며 욕심을 키워간다. 그럴수록 괴로움만 더 커지는데도 말이다.

내가 천재가 아니라는 것부터 깨달아야 한다. 진정으로 자유로운 삶은 경제적 자유를 얻은 인생이 아니다. 좋아하는 일만 하고 사는 게 아니라 하기 싫은 일이나 하고 싶은 일이나 마음의 괴로움 없이 할 수 있을 때 자유로울 수 있다.

좋아하는 일, 잘하는 일, 해야만 하는 일은 항상 고정되어 있는 게 아니다. 예컨대 내가 좋아하고 잘하는 일인 한약사라는 직업도 때로는 하기 싫은 일이 될 때가 있다. 그럴 때에도 이런 것이 인간의 마음에서 비롯된다는 것을 이해하는 한 그런 상황에 매몰되어 우울해하지 않을 수 있다. 나만 문제가 있고, 나만 그런 게 아니라 원래 인생이 그런 것이라는 자각만 있으면 된다.

나를 아끼고 사랑하는 법

앞으로는 평생 직업이란 개념은 점점 더 사라질 것이다. 나 역시 한약사라는 직업에 갇혀 있지 않고 어느 순간에는 오랜 시간을 투자해서 얻은 면허에도 집착하지 않을 수 있어야 한다고 생각하며 산다. 설령 내가 이룬 모든 것들이 한순간에 사라진다고 해도 허무하지 않을 수 있도록 말이다. 나를 더 알리고 유명해지려는 욕망이 얼마나 끝없고 덧없는 것인지도 항상 생각한다. 그것이 나를 아끼고 사랑하는 길이기 때문이다.

자부심과 자긍심은 사람들의 인정이나 시선에서 오는 것이 아니란 걸 기억하자. 내 인생이니 내가 스스로 행복해지는 방법을 찾아야 한다. 그러기 위해서 좋아하는 일, 잘하는 일만 매일 하면 행복할 것이라는 틀에서 벗어나야 한다. 남에게 대접받으려 하기보다 내가 가진 것을 나누고 베푸는 삶을 통해 행복을 느끼면서 그것조차도 집착과 강박을 갖지 않을 때 삶은 충만해진다. 이것을 불교에서는 해탈과 열반의 경지로 일컫는다. 마음의 변화가 없는 것이 아닌 그 변화를 알아차리고 감정의 폭을 조절해가는 수행이 필요한 이유이다.

가족이 행복의
원천이 되려면

예방원을 대출로 시작한 만큼 여러 수익 사업들을 계획하던 중에 지금의 아내를 만났다. 예정에도 없었고 계획하지 않았던 결혼 생활을 하기로 결심하게 된 것이다. 지금 내가 이룬 모든 것들은 언제나 함께해준 아내가 없었다면 불가능했다고 확신한다. 진정한 가족은 부모, 형제로부터 독립했을 때 일굴 수 있다는 것을 깨닫고 실천하게 해준 것이 가장 컸다. 사실 인간에게 괴로움을 가져오는 여러 이유 중 하나가 바로 가족이다. 삶의 원동력이고 행복의 원천이 되어야 할 가족이 가장 큰 고통을 주는 관계가 되는 경우가 자주 있다. 그런데 이런 괴로움에서 벗어나고자 한다면 가족의 개념부터 새로 정리해야만 한다.

성인이 된 시점부터 진짜 가족은 부모 형제가 아니다. 상담을 하다 보면 60세가 넘어서도 부모가 다 돌아가셔서 고아가 됐다고, 세상에 혼자 남겨졌다고 슬퍼하는 경우가 생각보다 많다. 그분이 혼자 사는 것도 아니고 남편, 자녀, 심지어 손자도 여럿인데도 고아가 됐다며 슬퍼한다. 그런 분들에게는 "현재 몸이 아픈 것은 마음이 아픈 것이고, 마음이 아픈 근본적인 이유는 외부 환경으로 인한 것이 아니라 스스로 홀로서기를 못 해서입니다"라고 말씀드린다. 그리고 "혼자서 무인도에 가서도 살 수 있을 때 흔들리지 않고, 불안함이 없는데 오랜 기간 가족이라는 이름 안에서 그 작업이 이루어지지 않은 겁니다. 지금이라도 진짜 가족은 옆에 있는 배우자이니 남편(아내)에게 집중하세요"라고 말씀드린다. 이렇게 상담을 하면 그 의미를 깨닫는 분들도 있지만 여전히 무슨 뚱딴지같은 소리냐며 효과 좋은 한약만 원하시는 분도 있다.

당신이 가족으로 인해 괴롭다면

성인이 되어서도 여전히 부모, 형제와의 관계에서 받은 상처를 극복하지 못하는 경우가 너무나 많다. 그것은 그 상황의 심각성을 떠나서 자신도 모르게 외부에서 주입된 관점 때문인 경우도 많다. 현대인들에게 이미 익숙해진 '트라우마'라는 네 글자로 모든 것을 합리화하고 도피처로 삼는다. 그리고는 과거에서 벗어나지 못하고 집착하여 현재와 미래까지 불행해지는 삶을 살아간다.

만약 당신이 가족으로 인해 괴롭다면 그 인연을 끊고 살아도 아무 문제가 없다. 끊지 못하는 것은 내 마음의 문제이지 다른 사람 때문이 아니라는 것이다. 내 마음이 불편한 것도 결국에는 내 선택에 의한 결과이고, 그 결과에 대한 책임을 내가 진다는 생각을 가지면 삶이 편안해진다. 여전히 많은 이들이 가족을 외면하는 것이 불효는 아닌가 하는 생각으로, 또는 외로움 때문에 부모, 자식이라는 이름으로 묶인 채 계속해서 불행을 키우는 삶을 산다.

내 아내는 서른다섯 살의 나이로 많은 경험을 해온 사람이었고, 가족에 대한 이런 내 생각에 전적으로 동의했다. 부모, 형제, 친척, 친구들과의 인간관계에서 벗어나 진짜 가족을 이루고 서로에 대해서만 집중하는 시간을 갖자는 가치관이 서로 맞았다. 물론 이렇게 한다고 해서 싸우지 않으면 가장 좋겠지만 기본적으로 각자가 가지고 있는 모든 모습이 드러나고 맞춰가기까지 크고 작은 어려움들은 있었다. 이상적인 부부의 모습은 이런 과정 속에서 함께 성장해나가는 것이다. 하지만 그렇지 않고 평생

지지고 볶으며 백년해로하는 부부도 행복하지 않다고 말할 이유는 없다. 중요한 것은 어느 한쪽이 사고사를 당하지 않고 크게 아프지 않고 함께 지내온 것 자체만으로도 감사할 줄 아는 삶을 살아가는가 하는 것뿐이다.

가족 관계도 선택할 수 있다

조건을 따져가며 자랑할 만한 결혼을 했다고 해서 잘 사는 게 아니다. 모든 게 완벽하게 시작됐다고 해도 사건 사고는 한순간에 예기치 않게 찾아온다. 어떠한 상황이 오더라도 이 사람과 함께 평생을 하고자 하는 마음, 즉 내 선택에 대해 책임질 수 있는 마음가짐이 필요할 뿐이다. 단, 폭력을 휘두르거나 술, 도박, 마약, 성적 쾌락 등에 중독되어 있는 경우까지 참으라는 것은 절대 아니다. 물론 그러한 상황마저 묵묵히 받아들이고 사는 이들도 분명히 있다. 이런 경우에도 주위에서 아무리 미련하고 멍청하다 해도 자신의 선택이니 괴로워하지 않으면서 사는 이와 말로는 항상 못 살겠다고 하면서 불행을 방치한 채 사는 부류로 나뉜다.

어떤 경우이건 중요한 것은 하나이다. 행복하게 살지 말지는 상대가 아닌 내가 결정하는 것이란 사실이다. 물론 자신이 선택할 때 미성년자인 자녀가 있는 경우라면 선택에 대한 결과가 훨씬 더 크게 돌아온다는 것도 기억하자. 언젠가는 자녀의 원망을 들을 각오를 해야 할 테니 말이다.

가족으로부터 독립한다는 것은 결국 지금 내 옆에 있는 가장 중요한 가족이 누구인지 우선순위를 정하는 것이다. 흔히 결혼을 하면, 서로를 챙기기에도 벅차고 시간이 모자란데 의무감 때문에 무리를 해서 시댁, 처가까지 신경 쓰고 챙기려고 한다. 그러다 보면 체력적, 정신적으로 약해지고, 싸움이 날 수밖에 없다. 우리 부부는 우리 두 사람, 그리고 태어난 아이의 육아에 집중했다. 아이가 돌이 될 무렵에서야 양가 어른들과 교류를 시작했다. 그것마저도 꼭 필요하지 않은 상황이었다면 택하지 않았을 테지만 계속 둘이서 육아를 할 수가 없었기에 택한 차선책이었다. 우리는 결혼 5년 차가 되어서야 처음으로 명절에 양가 부모님들과 시간을 보냈다. 다행히 양가 부모님 모두 처음에는 서운하셨겠지만 우리가 이혼하지 않고 잘 사는 것만을 바라셨기에 현명하게 대처해주셨다.

이기적으로 보일지도 모르지만 그렇게 살아야 한다. 능력이 아무리 출중해도 몸은 하나이고, 돈으로 해결이 안 되는 것이 결혼 생활과 육아이기 때문에 우선순위를 어디에 두고 선택과 집중을 하느냐가 중요한 것이다.

희생이 당연한 관계는 없다

지금은 여성들의 사회생활과 경제 활동이 활발해지면서 특히 고민을 더 많이 하게 된다. 돈을 벌고 사회적 성공을 위해 육아를 포기해야 한다면 그 결과를 받아들이면 된다. 모든 걸 다 잘하고 잘되길 바라는 것 자체가 욕심이다. 친구 관계도 유지하고, 부모, 형제와도 잘 지내길 바라면서 동시에 배우자가 모든 것을 감내하고 이해하며 희생하길 바라는 사람과 결혼한 것도 결국 내 선택이라는 걸 받아들이면 훨씬 마음이 편해진다. 상대방을 탓하지 않게 되고, 나를 이해해주고, 내 노고와 헌신을 인정해주고 그에 상응하는 보상을 해주길 바라지 않게 된다. 생각해보라. 생판 모르는 남을 돕는 봉사 활동을 할 때 그런 마음을 가지는 사람이 얼마나 되겠는가.

하지만 기본적으로 가족의 헌신을 당연하게 여겨서는 안 된다. 상대방만 희생하라고 해서도 안 된다. 나는 예방원을 개원한 이후 결혼 얘기가 나오면 집안에 제사를 없애면 생각해보겠다고 말하곤 했다. 2대 독자로 자라며 해마다 평균 6번씩 제사와 차례를 지내는 엄마의 노고를 지켜보았고, 일흔 살이 넘어서도 고생한 순간들을 억울해하는 엄마의 마음도 알았기 때문이다. 다행히 지금은 더 이상 제사를 지내지 않고 성묘로 대체하고 있다. 내가 선구적이고 헌신적인 남편이라는 이야기가 아니라 일부 가족의 봉사와 헌신을 당연하게 여겨서는 안 된다는 걸 다시금 이야기하는 것이다. 며느리는 시댁의 제사를 지내기 위해, 시부모님의 생일상을 차려주기 위해 존재하는 이가 아니다. 반대로 나 역시 처가에 아들 노릇을 하겠다는 마음부터 내려놓으니 상황 탓을 하며 화를 내는 일이 없어졌다. 내 욕심에 처음부터 기준치를 높게 잡아놓고 그렇게 행동하지 못해서 괴로웠던 거였는데 그 이유를 다른 곳에서 찾았다는 걸 알게 되었다. 정확히 무엇 때문에 마음이 괴로운 것인지를 인지하자 미움이나 분노 같은 것은 사라졌다.

누군가를 미워하는 것만큼 자기 스스로를 갉아먹는 감정은 없다. 오죽하면 모든 종교에서 원수까지도 사랑하라고 하겠는가. 설령 스스로 상처받는 상황이 왔을 때도 상대를 이해해보려고 노력하라. 그건 상대가 아니라 나를 위한 일이다.

결국엔 부부 서로만 남는다는 걸 기억하라

가족 관계에서 흔히 어려움을 겪는 이유 중 하나는 부모가 자식에게 모든 걸 걸면서 살아가기 때문이다. 자식 중심의 부부 생활이 아니라 부부 중심의 삶을 만들고, 자식은 부부가 함께 성장해가고 추억을 만들어가는 존재로 살 수 있어야 한다. 자식

중심으로 삶을 사는 부부는 행복해지기 어렵다. 자식은 결국 떠나는 존재로 인식하고 키워야 한다. 모성애가 강한 대부분 엄마들은 자식에게 집착하고 상대적으로 남편에게 소홀해져서 부부싸움이 많이 일어난다. 때로는 아빠가 그러한 경우도 있는데 아빠들과 다르게 엄마들은 크게 서운해하지는 않는다. 오히려 아빠가 자식에게 집중하는 것을 좋아하는 경우도 많다.

그런데 부부가 자식 중심으로 살아가다 보면 그 자녀는 성인이 되어서도 독립하지 못하고 부모 역시 늙을수록 사식에게 더집착하고 의지하게 된다. 부모가 해줘야 할 가장 큰 역할은 자식이 부모 없이도 혼자서 세상을 잘 살아나가게 만드는 것이다. 집착하고 소유하며 지배하고 바라는 관계에서 벗어나 나이가들수록 성인으로서, 인간 대 인간으로서 같이 인생을 살아갈 수있어야 한다. 그리고 우리는 그것마저도 힘든 게 부모 자식 간의 관계라는 걸 인정하고 진정한 가족은 온전히 내 옆에 있는배우자라는 인식을 가질 때 연애도 결혼 생활도 잘할 수 있다.

흔히들 혼자 있으면 외롭고 둘이 있으면 귀찮다고 표현한다. 그게 인간의 마음이다. 결혼은 하고 싶지만 막상 같이 살면 혼자 있고 싶고, 자식은 갖고 싶지만 막상 낳았더니 도망치고 싶은 것은 지극히 자연스러운 감정이다. 이 마음이 수천 번도 더바뀌는 것을 모른 채 오직 상대방 때문에, 혹은 환경 때문에 힘들다고 생각하기 때문에 결혼 생활이 불행해지고 마는 것이다.

나 역시 내가 가장 좋아하는 일은 아내와 TV를 보고, 영화를 보고, 수다를 떨며 노는 일이지만 현실은 그렇게 지낼 수 없다. 싫어도 해야 하는 일이 있게 마련이니까. 하지만 그럴 때 올라오는 짜증과 화를 가족에게 풀고, 그러한 내 감정을 이해해주기를 바라면 그 순간 지옥이 된다는 것을 이제는 안다.

가장 소중한 이에게 자신의 감정을 퍼붓지 말라. 너무 많은 기대로 서로에게 족쇄를 채우지 말라. 결국 모든 것은 나 자신의 선택이라는 것을 기억하자. 그렇게 해야 진정한 내면의 평화가 찾아오고, 당신의 소중한 가족도 모두 행복해질 수 있으니 말이다.

오늘이
마지막인 것처럼 살라

책을 출간하고 본격적으로 강연과 촬영을 하면서 2년 동안 매주 목포에서 서울까지 기차를 타고 다녔다. 왕복 8시간이 걸리는 일정이었으나 아이가 매일 아빠와 자는 환경에 이미 익숙해진 상태였기에 외박을 생각하기는 쉽지 않았다. 1박 2일 일정을 그나마 조금씩 소화하게 된 건 아이가 세 돌이 지난 뒤부터였다. 더불어 아내와 떨어져 있는 시간도 생기니 아내에 대한 마음을 다시금 들여다보게 되었다.

아내와 나는 이런 말을 자주 한다. 최소한 더도 말고 30년만 무탈하게 함께 지낼 수 있기 바라면서 항상 오늘이 마지막인 것처럼 감사한 마음으로 행복하게 살자고 말이다. 이렇게 힘들 때나 좋을 때나 기쁠 때나 늘 함께해주는 인생의 동반자가 있는 것만큼 든든한 건 없다.

마지막을 미리 준비하라

그러던 어느 날, 출장이 잦고 대중교통을 많이 이용하는 만큼 사고가 날 확률도 커지고, 이것은 운과는 전혀 상관없는 일이란 생각이 들었다. 내가 언제든 교통사고로 죽을 수도 있다는 생각이 든 것이다. 그런 생각이 들자 대비를 해야겠다는 마음이 들었고, 내가 없더라도 아들과 씩씩하게 잘 살아야 한다며 아내에게 경제 상황과 자산 그리고 가입해놓은 보험들에 대해 알려주었다. 아내는 생각만으로도 슬픈지 펑펑 울었고 한동안은 인사를 나눌 때마다 눈물을 보였다. 다행히 점차 의연해졌는데, 그후로 우리는 짧다면 짧은 1박 2일, 때로는 2박 3일을 떨어져 보낸 후에 다시 무사히 만난 것만으로도 감사했다. 아내가 아무 연고도 없는 목포에 와서 3년간 집에만 있으면서 잘 보내준 것도 너무 감사했다. 나의 아내는 집착과 강박이 심한 성격이다. 장단점이 있겠으나 그러한 것들은 모두 다 아프거나 병들고 죽고 나서는 아무 의미가 없다는 생각이 들었다. 그러니 애초에 바꾸려고 할 필요도 없었기에 싸울 이유가 되지 않았다. 그렇게 우리는 오직 서로를 위해 변화하고 성장해갈 수 있었다. 이는 3년이라는 시간이 넘게 걸렸고 아직도 진행 중이며 앞으로도 그럴 것이다. 그리고 이 모든 변화는 자식이라는 존재가 없었다면 힘들었을 것임을 우리 둘 다 인정한다.

죽음을 경험하는 것은 오늘을 더 잘 살기 위함이다

그렇게 아내가 아들에게 집착하는 모습까지도 존중하면서 우리는 함께 죽음에 대해, 서로가 없는 삶에 대해 생각해보게 되었다. 삶의 마지막 순간 무엇을 생각하게 될지 알 수 없기에 우리는 함께 임종 체험을 하기로 했다. 결혼 초부터 아내와 해보고 싶었던 일 중 하나가 임종 체험이었는데 차일피일 미루다 3년간 육아하느라 고생한 서로를 위해 움직이기로 했다. 목포에서 천안까지 차로 왕복 7시간이 넘는 여정이었다. 부모님께 아이를 부탁드리고 빗속을 뚫고 아내가 임신한 이후 처음으로 둘이 함께 장거리 여행을 갔다. 도착해서 영정사진을 먼저 찍었는데 아내는 내 영정사진을 보자마자 눈물을 터트렸다. 그런 아내의 모습을 보며 나는 다시 한 번 여전히 불평불만을 갖고 있는 나 자신을 반성하게 되었다. 유언장 작성과 입관 체험 전 실제 임종을 맞이하는 사람들이 가족과 작별 인사를 하는 영상을 보면서 살아서 함께하는 이 순간이 얼마나 소중하고 감사한지를 느꼈다.

나는 군대에서 유언장 작성과 비슷한 경험을 해본 적이 있어서 처음에는 크게 슬프지 않았다. 하지만 수의를 입은 아내가 관에 들어가는 모습, 그 관에 덩그러니 누워 있는 모습을 본 순간부터 눈물이 터져 주체할 수 없었다. 내가 얼마나 이 사람을 사랑하는지, 얼마나 귀한 사랑을 받고 있는지, 그런데도 그 소중함과 감사함을 몰라 괴롭혔는지 후회가 밀려왔다. 나 역시 입관한 상태에서 관 뚜껑이 닫히고 사방이 깜깜해지자 살아온 삶이 주마등처럼 스쳐 지나갔다. 정말 다시 새로 태어난 기분이었다. 한때 우울증과 약물 중독으로 인해 자살 충동까지 느꼈던 시절이 있었다. 그것을 다 이겨내왔다고 생각했지만 결혼 생활과 육아를 하면서 마음속 깊은 곳에 꾹꾹 눌러놨던 감정들이 있다는 것도 깨달았다. 힘들 때면 종종 올라오던 그 충동적인 감정이 아내와의 임종 체험을 통해 완전히 사라지는 완전 치유를 경험했다. 결국 죽음을 미리 경험해보는 것을 통해 오늘을 더 잘 살 에너지를 얻은 셈이었다.

부부가 아니더라도 현재의 삶이 힘들다고 느끼는 사람은 꼭 한번 임종 체험을 해보길 권한다. 무료 임종 체험이라고 검색하면 템플스테이부터 여러 곳이 나온다. 개인적으로는 천안에 있는 곳이 시스템이 잘 갖춰져 있어 추천한다. 나이에 상관없이 죽음은 누구에게나 언제든 예고 없이 찾아온다. 임종 체험을 통해 어떻게 죽는 것이 존엄사인지, 웰다잉이란 무엇인지 생각해보면서 삶을 돌아보는 기회를 가져보면 좋겠다. 특히 건강 염려증과 죽음에 대한 공포를 가진 이들은 이를 극복하는 계기가 될 수 있을 것이다. 물론 입관 체험을 하는 순간에도 그 상황을 받아들이지 못하고 나가는 이도 있었다. 그건 실패일까? 아니다. 현재 자신의 상태를 돌아보고 다시 준비해서 도전하면 된다.

우리는 삶이 영원하지 않다는 것을, 인간은 누구나 죽는다는 것을 자주 잊고 산다. 종교에 기대어 죽은 이후에 천국, 혹은 극락에 가게 해달라고 기도하고 비는 문화에 끌려다니며 산다. 그마저도 많은 이들은 하지 않는다. 언제 죽을지 모르니 조급해하고 시간이 없어 성공하기 위해 잠도 안 자고 미친 듯이 온 열정을 바쳐 에너지를 쏟으라는 것이 아니다. 돈과 명예보다 훨씬 더 좋은 것이, 당신을 행복하게 해주는 것들이 많다는 걸 알자. 몸과 마음이 힘들다고 신호를 보내면 알아차리고 쉴 수 있는 여유를 갖자.

임종 체험이 바꿔놓은 가치관

임종 체험을 하고 나서 달라진 것 중 하나는 자식에게 예방원을 물려주겠다는 생각이 사라진 것이다. 어느 순간 내가 죽을지도 모르는데 내 욕심을 갖고 자식을 공부시키겠다는 어리석은 생각이 사라졌다. 대신 아빠로서, 남편으로서, 가장으로서 할 수 있는 한 울타리가 되어주겠다고 결심했다. 아내와는 아이가 성인이 되는 스무 살보다 좀 더 빠르게 열다섯 살부터 독립시키자고 의견을 모았다. 그렇게 아내도 아들에 대한 집착을 조금은 내려놓았다. 물론 아내는 지금까지도 나를 똑 닮은 젊은 남자와 함께하는 것을 더 좋아한다. 딸이었으면 나도 그랬을지도 모르겠다.

또한 우리 부부는 예순 살이 되면 재산을 사회에 기부하자는 약속도 했다. 그 계기가 있었는데 홍콩 영화배우 주윤발이 한국을 방문했을 때 8,000억 원을 기부했고, 이 모든 것이 아내가 결정한 사항이라는 인터뷰를 본 덕분이었다. 자식이 생기니 확실히 돈을 더 벌어야겠다는 생각이 든 것도 사실이다. 하지만 그것을 이유로 대부분의 가장이 정작 아내, 아이와 함께하는 시간도 가지지 못한 채 30~40대를 보내버린다. 돈 버느라 바쁜 아빠 없이 자식은 어느새 훌쩍 커버리고, 아내는 더 이상 남편과 놀아주지 않아 쓸쓸한 50~60대를 맞이하는 게 한국 가장들의 현실이다. 그러한 일을 막기 위해서라도 자식에게 가진 것을 물려주는 어리석은 부모가 되지 말자고 약속했다. 그런 의미에서 재산 기부도 함께 논의했고, 지금도 매달 기부를 하고 있다.

우리 아이가 나눔과 봉사, 배려, 더불어 사는 삶의 가치를 가장
우선시하며 자라길 바라는 우리 부부의 바람을 담아서 말이다.

웰다잉을 준비하는 마음

내 유언장은 한 장의 종이에 아내와 아들에 대한 것을 쓰기에도
공간과 시간이 부족했다. 유언장을 쓸 때 부모, 형제, 주위 사람
중 누구 하나 떠오르지 않았다. 그만큼 미안할 것도, 서운할 것
도, 후회할 것도 없었다. 다만 어린 시절 나로 인해 상처받았거
나 힘들어했던 모든 이에게 속죄하는 마음이 들었다. 사실 한때
는 지난 날의 내 행동들에 대해 책임을 져야 하니 힘든 육아를
묵묵히 해나간다고 생각했던 적도 있었다. 하지만 지금은 과거
가 아닌 오늘에 집중하며 살고자 노력한다. 내가 생각했던 것처
럼 살든 그렇게 살지 못하든 내 옆에서 항상 나를 지지해주고
함께해주는 사람의 소중함에 더 감사하고, 그 절대적인 존재의
가치를 느끼면서 살 뿐이다. 동시에 이 존재가 없어도 남은 이
는 자식을 잘 키울 수 있어야 하고, 설령 자식이 먼저 떠나더라
도 부부는 그 아픔을 함께 나누며 다시 살아나가야 한다는 마음
으로 산다. 어차피 일어난 일은 돌이킬 수 없고, 특히 죽음은 신
의 영역이기 때문이다. 임종 체험은 계속 슬퍼하고 울며 고통

속에 살 것인지 우리가 함께한 그 시간에 감사하며 추억을 갖고 웃으며 행복하게 살 것인지 현명한 선택을 할 수 있는 계기가 되었다.

절대적인 존재이지만 그 존재가 떠나도 남은 이는 오로지 혼자 다시 살아나갈 수 있게 해주는 것이 진정한 사랑의 모습이다. 그것은 절대 하루아침에 얻을 수 없다. 서로의 인생에서 더 많이 웃고, 더 많이 나누며 살아갈 때 비로소 삶의 소중한 추억과 사랑이 채워진다. 그러기 위해서 우리는 일상에서 끝없이 수행하고 정진해야 한다. 웰다잉을 준비하는 건 결국 오늘을 잘 살기 위한 마음가짐이라는 걸 기억하고, 당신의 하루하루를 소중하게 보살피며 살아가길 바란다. 누가 뭐라 해도 당신은 행복하게 살 권리가 있다. 당신이 행복해지는 데는 어떤 이유도 필요하지 않다. 태어난 것 자체로 이미 행복할 권리가 있다. 그러니 당신이 웃으며 살지, 울며 살지는 오직 당신에게 달려 있다는 걸 기억하라.

모든 것을
온전히 누리는 습관

: 자연스럽게 내려놓아야 산다

6

당신 몸이 보내는 신호에
귀를 기울여라

요즘은 많이 달라졌다고 해도 사람들은 대개 40대가 되어서야 건강에 대해 관심을 가진다. 10대에는 대학, 20대에는 직장, 30대에는 결혼을 목표로 하며 몸이 보내는 신호 같은 건 신경도 안 쓰다가 40대부터는 점점 아픈 곳이 많아지니 그제야 너도나도 건강을 챙기려고 한다. 이 나이쯤 되면 친구들이 모여 앉아도 건강이 화두가 되고, 온갖 좋다는 영양제나 건강 기능 식품을 서로 권하는 게 자연스러워진다. 결국 건강을 챙기기 위해 이런 제품들을 사 먹느라 과도한 소비를 하고, 또 이런 화학 덩어리를 먹은 만큼 몸이 아파서 다시 병원 신세를 지는 악순환에 빠진다.

건강한 삶을 원하면 병원에 찾아가는 것보다 몸에서 보내는 신호를 무시하지 않는 것이 먼저이다. 물론 심장마비나 뇌졸중 같은 극한 상황은 예외이다. 어쨌든 평소에 몸이 보내는 신호를 무시한 채 계속 무리하다 보면 결국 암 진단을 받는 경우가 많다. 가장 기본적인 신호는 바로 피로를 느끼는 것이다. 이는 곧 수면 부족으로 연결되기도 한다. 그러니 몸이 보내는 신호를 무시하지 말고, 무리하지 않는 자세로 살아야 한다. 그렇다고 너무 주눅들 필요는 없다. 우리 몸은 당신이 생각하는 것보다 훨씬 더 위대한 힘을 가지고 있으니 말이다. 물론 운동선수들 특히 철인 3종 경기 선수를 보면 평소 병원에서 가장 많이 듣는 '무리하지 말라'는 말이 인간의 한계를 국한시키는 건 아닌가 하는 생각이 들기도 한다. 실제 과학 기술의 발달로 인간의 한계가 무한하다는 것을 계속 확인할 수 있는데, 이를 보여주는 대표적인 예가 바로 전투기 조종사이다. 이들은 음속으로 표현되는 마하10까지 견뎌낸다. 마하1은 1시간에 약 1,200킬로미터를 가는 속도이다. 그러니 이것의 10배에 다다를 때의 압력은 모든 혈관이 눌리고 폐가 찌그러지며, 뇌혈관이 터질 것 같은 고통 속에서 시야가 흐려지고, 정신을 잃게 만드는 수준이다. 이 순간들을 이겨내는 것이 바로 인간의 신체이다.

그런데도 현실에서는 과일만 먹으면 혈당이 상승하고, 인슐린 저항성으로 지방간이 생긴다는 괴담에 떨며 과일도 못 먹고, 칼륨 수치 올리고 콩팥 이상이 생긴다고 하면서 채소도 못 먹은 채 죽은 가공식품만을 먹는다. 인간의 신체가 가진 무한한 힘을 망각한 채 말이다. 우리 몸의 강인함은 특별한 훈련으로 얻어지는 것이 아니라 인간이 본디 타고난 것이다. 그런데도 자꾸 몸이 약해지는 건 마음과 정신이 육체를 지배한다는 것을 깨우치지 못하고 외부 정보만 믿으면서 점점 더 내 한계를 국한시킨 결과이다.

몸이 보내는 경고 신호를 다른 자극으로 덮어버리지 말라

물론 우리 모두가 운동선수나 전투기 조종사는 아니니 몸의 신호에 귀를 기울이고 무리를 하지 않는 것이 좋다. 기본적으로 내 몸이 가진 강인함에 대해 믿음을 가진 상태에서 극한의 한계를 계속 시험해가는 상황이 아니라면 일정 이상의 에너지를 쏟고 나면 휴식을 취해야 한다.

가장 큰 문제는 몸이 주는 경고 신호를 약물이나 화학물질로 꺼버리는 것이다. 대표적인 것이 바로 커피이다. 앞서 다뤘듯이 커피는 우리 몸의 신호체계를 교란시킨다. 다만 그것이 눈에 보이지 않게 매일 조금씩 쌓여가면서 빠르게는 20대부터 각종 질환으로 나타난다. 다시 한 번 강조하지만 하루에 200밀리리터, 즉 종이컵 한 잔 이상의 커피를 매일 마시고 있다면 이미 중독되었다고 봐야 한다.

스트레스를 받을수록 힘이 안 날수록 매운 라면, 떡볶이, 마라탕 등 자극적이고 기름진 음식에 함유된 각종 화학 첨가제들을 섭취하며 서서히 중독된다. 그런 음식을 먹는 순간에는 힘이 나는 것 같은 착각이 들 수도 있다. 하지만 그건 우리의 장기가 살기 위해 몸부림치며 사용하는 에너지 때문에 힘이 난다고 착각하는 것에 불과하다.

오랜 시간에 걸쳐 수백억 원을 벌고 세상에 이름을 남기고는 갑자기 심장마비로 사망하거나 암 진단을 받고 남은 수십 년을 병원 신세를 지며 살고 싶은 이는 없을 것이다. 그것은 진정한 성공이 아니다. 시험 공부를 하든, 직장에서 프로젝트를 하든, 가족을 위해 헌신하든 우선 내가 아프지 않아야 한다. 다 큰 자식을 위해 그것도 결혼해서 한 가정을 이룬 자식을 위해 늙은 부모가 본인을 돌보지 않다가 결국 큰 병을 얻고 나면 그것만큼 자식에게 죄책감과 미안함을 갖게 만드는 일도 없다. 아픈 부모를 간병한다고 장성한 자식이 가정도 이루지 못하다 결국 더 큰 병을 얻게 되는 경우도 마찬가지이다. 이러한 일들이 현실에서는 너무나도 많다. 그러니 지금부터라도 내 몸이 보내는 신호에 귀 기울이고 관심을 가져라.

도전한 뒤에는 반드시 휴식을 취하라

신체적인 노화가 본격적으로 시작되고, 많은 가공식품과 화학 물질 덩어리들에 장기간 노출되어 독소가 몸에 쌓인 30대, 특히 40대 이상부터는 결코 무리할 필요가 없다. 가장 어리석은 것이 술, 담배, 가공식품을 먹기 위해 돈과 시간을 들여 운동하는 것이다. 몸에서 신호를 주면 알아차려야 한다. 그리고 그것을 무시한 채 다른 것에 집착하고 있는 내 마음을 알아차리는 연습을 계속해야 한다. 일상생활에서 이러한 마음 수행을 계속하면 어느새 컨디션 관리도 잘 되고 그것이 쌓여서 내가 이루고자 하는 목표를 이룰 수 있다. 당장 눈앞에 놓인 목표가 인생의 전부가 아님을 항상 기억하라. 짧은 인생이면서 동시에 한 번밖에 없는 인생이다.

짧게는 100일이라는 시간에서 길게는 1,000일이라는 기간 동안 도전해본 후에는 반드시 쉬는 시간을 갖자. 모든 것을 쏟아붓는 후회 없는 과정을 거친 만큼 그 결과에 대해서는 담대하게 받아들일 수 있는 마음가짐을 갖자. 더불어 원하는 것이 이루어지지 않았을 때 느끼는 허탈감과 공허함으로 인해 몸이 급격히 나빠진다는 것도 꼭 기억하라. 또한 남처럼 쉴 것 다 쉬고 놀러 다닐 거 다 놀고, 잘 거 다 자면서는 더 성공할 수 없다는 말에 쫓기며 살지 말자. 단, 이러든 저러든 될 사람은 되고 안

될 사람은 안 된다는 운명론이나 허무주의에 빠지는 것은 경계하라.

자신의 몸과 마음에 대한 믿음과 신념을 가지면서도 동시에 욕심과 욕망으로 인해 무리하는 것이 아닌 선택을 하는 연습을 꾸준히 해보자. 무엇이 되고 싶다는 목표를 세우는 것은 허황된 욕심이나 욕망이 아니다. 하지만 그것이 당연히 이루어질 거라 기대하고 집착하면 욕망이 된다. 최소 10번은 시도해야 하는데 2번만 해놓고 이뤄지길 바라는 것이 욕심이다. 우선은 해보고 안 되면 여러 번 도전해보고 그래도 안 되면 내 능력 밖의 일이라 받아들여라. 그러고 나서 다시 새로운 도전을 하면 된다. 결과에 집착하기 때문에 괴로움이 생긴다는 사실을 잊지 않고 선택할 때 어떠한 결과가 와도 크게 기뻐하거나 슬퍼하지 않으면서 그냥 덤덤히 살아갈 수 있다. 그렇게 마음 수행을 꾸준히 해갈 때 몸의 상태도 좋아질 수 있다. 우리 인간의 정신과 육체는 한계가 없지만 나의 현재 상황에 따라 단계별로 극복해가는 것이 중요하다. 그러기 위해서는 쉬는 시간에 몸에 쌓인 독소를 배출하고 만성 염증을 없애줄 수 있는 채소·과일식을 꼭 해보라.

자연 치유력이 회복되면
인생이 달라진다

앞서 중요하게 다룬 내용이지만 인생을 건강하고 행복하게 살기 위해선 꼭 기억해야 할 것이기에 여기에서 다시 한 번 우리가 가진 자연 치유력을 짚어보고자 한다.

자연 치유력은 우리 몸의 림프시스템을 활성화시키는 일이다. 림프시스템은 우리 몸 안에 쌓인 쓰레기들, 즉 독소와 노폐물을 처리해주는 기관이다. 그런데 우리는 이 림프시스템이 몸 안의 쓰레기를 처리하는 데 필요한 시간을 충분히 주지 않고 자꾸만 죽은 음식을 밀어 넣는다. 이렇게 체내에 쌓인 쓰레기를 처리하는 속도보다 쌓이는 속도가 빨라지면 아프기 시작한다.

한편 몸에 독소가 많이 쌓여 처리하는 데 힘이 들 때 나타나는 가장 기본적인 반응은 고열인데 바로 여기서부터 자연 치유력이 발동된다. 하지만 우리는 불안과 공포로 인해 몸의 반응을 제어하려고만 한다. '열이 나면 해열제를 먹어야 한다', '고열은 심각한 부작용을 가져온다', '약을 먹으면 몸이 회복된다', '약을 먹으면 편할 텐데 고생을 사서 한다'는 등의 주입식 정보로 인해 몸이 가진 고유의 힘을 약화시키고 마는 것이다. 몸이 알아서 치유할 수 있다는 믿음을 가지고 시간을 주어야 하는데 자꾸만 이 능력을 퇴화시키고 있는 것이다. 이는 마치 '나이 때문에 안 돼', '돈이 없어서 안 돼', '집이나 직장이 없으니 결혼이나 아이는 엄두도 내면 안 된다'는 부정과 포기의 생각들로 가득 찬 것이나 마찬가지이다.

내 몸이 가진 위대한 힘을 믿어라

자연 치유력에 대한 제대로 된 이해가 없다면 자기 몸에 대한 믿음도 갖기 어렵다. 우리는 지금까지 거짓된 정보들로 내 몸이 가진 위대한 힘을 무시해왔다. 자연 치유력은 특정 세력에 의해 그 가치가 심각하게 오도되고 훼손된 대표적인 주제이다. 특히 우리나라에서는 한방과 양방의 오래된 밥그릇 싸움으로 인해 비과학적, 전통 의학, 대체 의학, 민간요법 등으로 치부된 경향이 크다. 하지만 자연 치유력은 이미 세계적으로 그 효능을 인정받고 있다. 실제 전 세계의 유명 암센터들에서는 명상, 요가, 음악, 미술, 아로마, 마사지 테라피 등을 사용하며 통합 치료를 도입한 지 오래되었다. 정신, 즉 마음이 몸에 주는 영향이 아주 크다는 것을 인정한 결과이다. 그와 함께 먹는 것을 중요시하고 있다. 자연에서 온 채소·과일식을 기본으로 하면서 인위적인 약물 치료를 제한하는 추세이다. 물론 이러한 프로그램을 누리기 위해서는 약을 사용하는 것 이상으로 많은 비용을 지불해야 한다. 병원은 자선단체가 아닌 수익을 내야 하는 사업체이기 때문이다.

우리가 자연 치유 요법을 많이 접하기 어려운 근본적인 이유는 바로 이 상업 논리 때문이다. 제약회사가 돈을 많이 벌지 못하는 구조에서 정부가 약값으로 지원해주는 비용 역시 제한적일 수밖에 없기 때문이다.

어쨌든 긴급한 수술이 필요한 외과적 부상이 아니라면 우리 몸의 자연 치유력을 높이는 데 더 집중했을 때 진정으로 건강한 신체로 거듭날 수 있다. 사실 병원에서 고치지 못하는 병은 점점 더 늘고 있는 게 사실이다. 대표적으로 자가면역질환을 들 수 있다. 병원에서는 이 질병을 면역체계가 내 몸을 공격하는 것으로, 그 원인을 알 수 없으며 치료법 역시 없다고 진단한다. 그리고 그런 진단을 받는 순간 우리 몸은 더욱 급속도로 악화된다.

반면 몇 년을 피부 질환으로 고통 받으며 병원 처방약을 먹던 환자들이 자연 치유력을 접한 다음 이를 믿고 강화하면서 수개월 내에 긍정적인 변화를 얻은 사례를 임상에서 수없이 지켜봤다. 한약 처방과는 별도로 자신의 몸에 대한 믿음과 확신이 있었기에 가능했던 일이다. 스테로이드제를 끊는 결단과 몸이 회복하는 과정에서 나타나는 여러 가지 현상에 불안해하지 않으며 최소 3개월은 기다리겠다고 마음먹는 것은 누가 대신해줄 수 있는 일이 아니다.

결국 선택은 내 몫이고, 그 선택에 대한 책임도 내가 져야 한다는 명제만 남는다. 우리 인생 전반이 이와 같은 원리로 움직인다. 내가 먹는 것조차 소위 전문가라는 이들의 말만 믿고 의지하며 끌려다닐 때 최종 결과에 대한 책임은 전문가가 아닌 내가 져야 한다. 당장 내 눈앞에 닥친 일이 정말 큰 문제처럼 느껴지지만 실제로는 사느냐 죽느냐 촌각을 다투는 위급 상황이 아니다. 그러니 조급해할 필요는 없다. 중요한 것은 무엇이든 나를 위해 선택하고 책임질 수 있는 습관을 익히는 것뿐이다. 내 몸이 가진 위대한 힘을 믿어라. 그래야 온전히 건강한 인생을 살 수 있다.

몸은 스스로 회복할 능력이 있다

우리가 말하는 진정한 자기관리가 이루어지려면 건강부터 지켜야 한다. 이것은 가장 기본이 되는 일임에도 우리는 자주 이를 놓치곤 한다. 특별히 몸에 좋은 것을 찾아다닐 필요는 없다. 그저 몸에 좋지 않은 것부터 멀리하면 된다. 자연에서 온 것만 꾸준히 공급되면 우리 몸은 스스로 회복할 수 있다. 몸이 가벼워지면서 마음도 함께 편안해지는 선순환 구조가 만들어진다. 계속하여 강조하지만 대부분은 스트레스로 인해 마음의 괴로움이 쌓이고, 스트레스를 푼다는 미명하에 가공식품을 폭식하고, 피곤하다면서 영양제에 의존하면 그것들이 다시 신경을 과민하게 만들어 마음이 더욱 불안정해지고 만다. 그렇게 되면 다시 술, 담배, 커피, 두통제, 진통제, 신경 안정제 같은 약을 찾는 악순환이 반복되는 건 당연하다.

일단 이런 것들부터 끊어내자. 쉽지 않을지도 모른다. 우선 사전에 금단 증상에 대해 충분히 인지하고 극심한 두통이 오든, 두드러기가 나든, 가려움증에 시달리든, 불면으로 며칠간 밤을 지새우든 결국 그 시간은 지나간다는 것을 믿고 이겨내라. 사람은 결코 쉽게 죽지 않는다. 그런 반응이 나오는 것은 최악의 상황이 이미 지나가고 있다는 증거이니 당신은 이를 알아차리기만 하면 된다. 오랜 시간에 걸쳐 내 몸이 망가졌기 때문에 그것이 회복되는 데에도 그만큼의 에너지가 필요하다는 것을 인정하고, 또 편하기만 바라는 것 자체가 욕심이라는 것을 인정하면 조금은 수월해질 것이다. 인생의 모든 것이 그러하듯 무엇도 노력 없이 얻어지는 결과는 없다.

내 몸과 마음의 진짜 주인이 되어라

분명한 건 딱 2주만 견뎌내면 내 몸의 자연 치유력을 느낄 수 있다는 사실뿐이다. 당신이 해야 할 일은 몸이 회복되는 과정에서 오르락내리락 하는 몸 상태를 지켜보면서도 마음의 평정심을 유지하는 것뿐이다. 그렇게 불안과 두려움이 찾아드는 것을 알아차리면 된다. 초심을 항상 유지할 수 있는 사람은 없다. 마음은 하루에도 수천 번 바뀌는 게 당연하다는 걸 먼저 받아들이면 한결 덜 괴로울 것이다. 더구나 나만 의지력이 부족하고 끈기가 모자라서, 혹은 열정이 없어서 그러는 것이 아니다. 실패를 많이 했다는 것은 그만큼 많은 도전을 했고 경험을 쌓았다는 증거이다. 좋은 결과를 얻기 위해서는 반드시 그러한 시간이 필요하다.

몸도 마음도 마찬가지이다. 우리가 부러워하고 우러러보는 성공한 사람들 역시 그 결과를 얻고 현상을 유지하기 위해 지금

이 순간에도 부단히 뼈를 깎는 노력을 기울이고 고통을 감내하고 있다. 더 이상 맹목적인 성공과 결과만을 바라며 남들이 말하는 방법에 휘둘리지 말자. 성공을 하든 실패를 하든 우선 나 자신에 대한 사랑과 믿음을 근간으로 삼자.

때로는 바닥까지 자존감이 떨어지고 현실적으로 수중에 돈한 푼 없는 상황이 되더라도 우리에겐 이것 역시 회복할 수 있는 자연 치유력이 있음을 항상 기억하자. 그것이 바탕이 될 때 우리 몸을 구성하고 있는 60조 개가 넘는 세포들도 더욱 힘을 내어 재생하고 회복한다. 절망하고 포기하고 싶은 순간에도 반드시 우리의 몸은 끝까지 최선을 다하고 있음을 떠올려라. 타인이 아닌 자기 자신과 대화를 많이 해야 행복에 이를 수 있다. 내 몸과 마음의 주인은 나이다. 내 성향이 이러이러해서 외부 환경에 영향을 잘 받는다고 합리화하지 말자. 모두 다 마찬가지이다. 어떠한 상황에서도 생존할 수 있고, 회복할 수 있는 자연 치유력이 있는 존재라는 것만 기억하라. 우리는 그렇게 지금까지 살아남은 위대한 존재이다.

자연이 주는 치유의 힘을
오롯이 느껴보라

모든 미디어를 통틀어 항상 인기 있는 콘텐츠 중 하나는 여행 프로그램이다. 예전에는 맛집 탐방, 연애가 동반된 여행이 주를 이뤘는데 지금은 혼자 하는 여행도 많은 인기를 끌고 있다. 젊은 세대들도 화려하고 휘황찬란한 여행지보다 광활하고 탁 트인 자연을 느낄 수 있는 곳들을 선호하기 시작했다. 콘크리트와 네온사인으로 뒤덮인 곳보다는 아주 오랜 시간 우리가 생활해왔던 자연을 마주하며 말 그대로 치유되는 경험을 얻는 것이다. 인류는 따뜻한 휴양지부터 오로라를 볼 수 있는 눈 덮인 지역까지 여러 기후에 적응하며 살아왔음을 여행을 통해서 알 수 있다.

해외여행을 반드시 갈 필요가 있냐고 말하는 이들도 있다. 한국만 해도 전국 방방곡곡을 다녀도 좋은 곳이 많다고 말이다. 물론 맞는 말이다. 그런데 젊을 때 최대한 다양한 경험을 쌓는 것이 좋고, 그 방법 중 하나가 해외여행이라고 생각한다. 전제는 스스로 결정할 수 있는 나이에 여행을 떠나는 것을 지지한다는 것이다. 어린 나이에 홀로 조기 유학을 떠나는 것은 지지하지 않는다. 스스로 공부를 목적으로 한 외국 생활을 결정할 수 있을 때 떠나야 후회가 없다. 상담을 하나 보면 아이는 조기 유학을 보낸 엄마를 원망하고, 엄마는 그런 자식을 보며 못 해준 게 뭐가 있냐면서 화병에 걸린 경우가 많다. 어떤 이들은 불안과 염려로 비행기를 못 타거나 해외를 못 나가는 경우도 있다. 그런 이들의 경우 실제 몸이 아픈 환자보다 상담도 한약 복용도 아주 오랜 시간 동안 해야만 한다. 나는 그런 불안 증세를 극복하기 위해 암자에 들어가서 생활해보라고 추천하곤 한다. 종교적인 측면이 아니라 마음 수행을 위해 산속에 있는 사찰이나 암자에 가서 규칙적으로 생활해보라는 것이다. 짧게는 한 달 길게는 100일 정도 지내다 보면 많은 효과가 있다. 특히 암 환자 중에 부부 사이나 자식 문제로 인해 화병이 심한 경우에도 추천한다. 말 그대로 속세를 떠나 인생에 오직 혼자 남겨졌다 생각하면서 자신의 삶을 돌아보고 여유를 갖고 철저하게 독립적인 하나의 인격체로 지내는 시간이기에 추천하는 것이다.

더불어 사찰 음식으로 몸을 정화하기에도 좋다. 사찰 음식에는 고기나 화학조미료가 쓰이지 않는다. 매일 밤 먹던 치킨, 라면, 피자 같은 음식도 없다. 최소한의 식사, 옷 한 벌만으로도 충분히 살아갈 수 있다는 걸 깨닫게 된다. 그 어떤 소비를 하지 않더라도 살아가는 데 아무런 지장이 없다는 걸 알게 되는 것이다. 더불어 행자 생활과 같은 봉사 활동을 하면서 육체적으로도 단련되고, 경제적인 부분까지 해결할 수 있다. 20대부터 그런 체험을 해보면 감사하는 삶, 독립적인 삶을 사는 데 도움이 될 것이다.

죽어라 열심히 최선을 다했는데 나만 되는 일이 하나도 없는 것처럼 느껴질 때나 세상에 나를 도와주는 사람 한 명 없다는 외로움이 들 때에도 여행을 떠나보자. 영화에 자주 나오는 파리의 에펠탑을 보러가도 좋고, 스페인의 산티아고 순례길을 걸어도 좋다. 여행을 마치고 왔다고 해서 당장에 일이 잘 풀리고 의지와 의욕이 불타올라 열정적인 삶을 살 수 있는 것은 아니다. 그저 태어나서 처음으로 도전해보고 많은 거리를 이동한 가운데서도 별 탈 없이 무사히 여행을 마치고 한국에 돌아온 자신의 삶이 특별하고 의미 있다는 것을 느끼게 될 것이다. 아주 오지만 골라서 다닐 필요는 없지만 문명이 발달하지 않는 곳에서 살아가는 이들의 모습을 접하는 것도 좋다. 그런 이들의 삶을 보고 오면 마음의 여유가 생기고, 우리나라가 살기 좋은 환경이라는 감사함도 느끼게 된다.

몸과 마음이 지쳤을 땐 숲으로 가라

한편 시한부 판정을 받은 환자들이 삶의 의지를 다지기 위해 도시를 떠나 공기 좋은 곳, 즉 숲이 우거진 곳으로 가는 경우가 있다. 1500만 년 전 오랑우탄, 고릴라, 보노보, 침팬지에 이어 탄생한 우리 인류가 오랜 시간 생활했던 곳으로 다시 돌아가는 것만으로도 우리 몸의 자연 치유력은 회복되기 시작한다. 정말 역설적이고 모순적인 상황이라 예전에는 기적이라 칭했으나 더 이상 의학계에서도 부인할 수 없는 사실이 되고 있다. 치료를 포기하고 그 어떠한 약물이나 인위적인 방법을 더 이상 쓰지 않을 때 도리어 몸이 살아나는 현상을 병원에서도 인정하기 시작한 것이다. 병원을 떠나 주어진 생을 마감할 편안한 곳을 찾아갔는데 3개월 후부터 몸이 좋아져 3년 뒤 완치 판정을 받는 경우가 너무나 많다. 스트레스와 인위적인 환경이 우리 몸에 미치는 영향이 얼마나 큰지 보여주는 사례이다. 그만큼 자연에서 온 것이 가진 생명력은 위대하다.

당신도 몸과 마음이 지쳤을 때 자연으로 가보길 바란다. 다만 한 가지는 꼭 주의하자. 주말에 소중한 가족들과 혹은 혼자 여행을 떠나서까지 발암 물질을 먹지 말라는 것이다. 캠핑장에서 숯불 위에 중금속 덩어리인 석쇠를 올리고, 그 위에 고기를 올려 태워 먹고, 고기도 모자라 가공육인 햄, 소시지를 다 태워 먹으며 아이들에게는 탄산음료를 먹이고 어른들은 술과 커피를 마시며 아침부터 라면을 끓여 먹지 말라. 캠핑장까지 가서 냉동식품을 전자레인지에 돌려먹는 우는 범하지 말라.

우리 몸은 이미 쓰레기로 가득 차 아프다고 신음하고 있다. 지구 역시 인간이 끊임없이 배출하는 탄소와 각종 쓰레기로 병들고 있다. 숲으로 갔다면 먹는 걸로 스트레스를 푸는 습관까지 버리자. 우리는 너무 많은 것을 먹어서 아프다. 숲으로 갔을 때는 몸도 마음도 모두 비우고 오는 지혜를 발휘하자.

더불어 가벼운 마음을 위해 숲에 갔다면 꼭 한번 맨발로 걸어보라. 그 효과에 대해서는 전 세계적으로 인정하고 있으며 우리나라에서도 각 지자체에서 앞다퉈 맨발 걷기 황톳길을 조성하고 있다. 우리 인간의 수명이 연장된 이유는 신발 때문이 아니다. 도리어 신발로 인해 많은 신체 능력이 둔화되었다. 문명생활의 상징이 된 신발을 최소한 숲속 자연으로 갔을 때라도 벗어버리고 자연을 느껴보길 바란다. 맨발 걷기에 대한 두려움은 전혀 가질 필요가 없다. 우리는 흙에서 와서 흙으로 돌아가는 존재이다.

몸과 마음의
면역력을 높이는 웃음

'웃으면 복이 온다'라는 속담을 어떻게 생각하는가? 웃으면 좋은 일이 생긴다는 것을 현대 과학이 밝혀낸 근거는 없지만, 웃음과 관련해 과학적으로 입증된 다른 사실은 있다. 바로 웃을수록 면역력이 높아진다는 것이다. 혼자서 웃든, 웃을 일이 있어서 같이 웃든, 심지어 그냥 미친 사람처럼 혼자 박수를 치며 소리 내어 웃든 분명 신체 활동에 활력을 불어넣는 뇌 영역에 긍정적인 영향을 주는 것이 확인되었다. 아마도 이러한 영향들을 오랜 시간에 걸쳐 기록하다 보니 웃으면 복이 온다는 표현을 사용하게 됐을 것이다.

내가 이 책을 통해 꼭 알리고 싶고, 강조하고자 하는 것이 바로 이것이다. 똑같은 일이 벌어져도 누군가는 그 상황을 빨리 받아들이고 앞으로의 삶을 웃으며 살아가기로 결정하지만, 누군가는 계속 슬퍼하고 원망하고 화내며 살아간다. 그건 결국 내 마음의 결정에 달려 있다. 긍정으로 나를 채울 것인지, 부정적인 기운으로 나를 채울 것인지를 스스로 선택할 수 있다는 뜻이다. 긍정의 힘이 우리 몸을 지배하도록 하자. 세상을 살면서 일어나는 일들에 일희일비하며 심각하게 살 필요가 없다.

이렇게 말하면 누군가는 "아무리 짜증나는 상황이어도 참으라는 건가요?"라고 되묻는다. 하지만 무조건 참으라는 것도, 성인군자가 되라는 것도 아니다. 스트레스를 아예 안 받는 것은 불가능하다. 무조건 스트레스를 받지 말라는 것이 아니라 화나고 짜증나는 그 순간을 알아차리고 피식하고 웃는 연습을 해보라는 것이다. 물론 혼내고 있는 직장 상사, 선생님, 부모님 앞에서 미소를 띠면 자칫 오해를 받을 수도 있다. 그럴 때 함박웃음을 지으라는 것이 아니다. 그저 함께 화내지 말고 빙그레 웃을 수 있는 정신력을 가지라는 말이다.

누구를 위해서가 아닌 내 인생을 위한 일이다. '웃는 얼굴에 침 못 뱉는다'라고 했다. 또라이가 하도 많은 세상이라서 함부로 웃기도 겁나지만 최소한 안전한 인간관계에서는 시도해볼 만하다. 나 역시 상대방 실수에 화를 잘 내고 내 실수에도 신경질을 내는 고약한 성질이었다. 하지만 꾸준한 연습으로 마흔 살이 넘어서야 내가 화낸 것을 알아차리고 바로 사과할 수 있게 되었다. 화가 점차 사라지면 몸도 마음도 더 편해진다. 나이에 상관없이 언제든 노력해야 하는 이유이다.

일상생활에 유머와 위트를 심자

앞에서 소개한 대로 내가 운영하고 있는 네이버 예방원 카페의 운영 원칙에는 이런 훈련을 하자는 취지가 담겨 있다. 그래서 게시판에 부정적인 내용을 쓰는 것 자체를 금하고 있는 것이다. 자신이 암 진단을 받았다면 채소·과일식을 하면서 잘 이겨내보 겠다고 희망과 긍정의 메시지를 적는 것은 가능하지만 단순히 자신의 억울한 사연을 나열하고, 슬퍼하면서 때로는 분노로 가 득 찬 글을 올리면 곧바로 삭제된다. 특히 채소·과일식에 대한 불안과 공포를 열거하는 질문을 올리는 경우에는 바로 강제 퇴 장을 시키고 있다. 가입할 때 사전에 자세하게 안내한 사항인데 다 다른 글은 읽어보지도 않고 무작정 다른 사람들에게 자신의 사연만 구구절절하게 늘어놓는 글은 여러 사람을 피곤하게 만 들 뿐만 아니라 그런 부정적 기운이 쌓이면 다른 사람들까지 힘 이 빠지기 때문이다. 운동경기를 한 번 생각해보라. 경기는 선수가 하지만 함께해준 관객들의 응원이 선수들의 사기와 능력에 지대한 영향을 미치지 않는가. 이기기를 바라면서 긍정적으로 응원하는 사람만 있는 것은 물론 아니다. 그들의 노력이나 진실은 보지 않고 비난과 공격을 일삼는 이들도 분명히 있다. 특히 고정관념과 다른 의견을 내는 사람들은 그런 비난의 타깃이 되기 쉽다.

나 역시 99퍼센트와 다른 1퍼센트도 안 되는 불편한 진실을 전하는 역할을 하다 보니 밑도 끝도 없이 무턱대고 비난하고 공격하는 사람들이 많다. 가령 99퍼센트는 커피를 소비하게 하는 입장이고, 커피의 유해성을 알려주는 정보는 1퍼센트도 되지 않는다. 그러다 보니 악플러들도 생긴다. 하지만 그런 근거 없는 비방에 흔들릴 이유는 없다. 대신 긍정적인 메시지에 귀를 기울이고, 에너지를 얻으면 된다.

유머와 위트를 일상생활에 심어보자. 유머가 풍부하고 재치가 넘쳐나서 남을 웃길 필요는 없다. 일부러 스피치 학원을 다니며 상황에 맞는 유머를 준비할 필요도 없다. 그저 잘 웃는 자세만으로도 충분하다. 이런 습관은 1차적으로는 유년 시절 부모와 함께 자란 환경에서 만들어지지만, 성인이 된 뒤에는 분명히 내 노력으로 만들 수 있다. 그저 내가 하기 싫어서 안할 뿐이다. 이것만 인정해도 성공한 삶이다. 상대를 탓하고, 누군가를 미워하고 증오하는 삶만큼 괴로운 인생도 없으니 말이다.

일상생활에서 웃고 싶다면, 미소 짓고 싶다면 당연히 마음이 편안해져야 한다. 이를 위해서 가장 실천하기 좋은 것은 바로 봉사 활동이다. 무언가 남에게 도움을 준다는 것은 저절로 입가에 미소를 띠게 만든다. 내 상황보다 훨씬 힘든데도 밝게 웃는 사람들을 보면서 위안과 위로를 얻는 효과도 있다. 주어진 내 삶에 저절로 감사하게 될 것이라 장담한다.

웃을 일이 없어도 몸을 움직여보라

봉사 활동이나 웃을 일이 없이 일상을 보낼 수도 있다. 웃는 것이 가장 돈도 안 들고 쉽게 할 수 있는 일이지만 사회생활을 하면서 시도 때도 없이 웃으며 콧노래를 부르기란 어렵다. 이런 경우 실천하기 좋은 방법은 몸을 자주 움직이는 것이다. 나는 1시간 이상은 앉아 있지 않는다. 어렸을 때부터 산만한 습관이 남아 있어서일 수도 있겠으나 죽음의 고비를 넘긴 이후로는 장시간 같은 환경에 노출이 되지 않으려고 의도적으로 쉬는 습관을 만들었다. 생산이나 제조 현장에서 반드시 쉬는 시간이 있는 이유이기도 하다.

물론 오랜 참선과 명상을 통해 생각만으로도 몸의 기혈을 순환시키고 림프시스템을 작동시키는 경우도 있으나 우리는 대부분 그 수준이 아니니 우선은 같은 자세로 오랫동안 머무르지 않아야 한다. 바람을 쐰다는 명목으로 담배를 피우고 오는 것은 해당되지 않는다. 누차 강조하지만 술, 담배, 커피를 스트레스 안 받으면서 먹을 수 있는 사람은 시골에 사는 마음 편한 노인들밖에 없다. 어쨌든 콘크리트 건물에서 최대한 벗어나 잠시 하늘을 바라보고 햇볕을 쬐거나 밤하늘의 별을 바라보는 것만으로도 우리 몸은 회복된다. 그러지 못할 경우에는 스트레칭이나 잠깐의 복식호흡이나 심호흡을 통해서 마음의 여유를 갖는 습관을 가져보자. 바쁘다는 핑계를 대면 끝이 없다. 커피를 사기 위해서 줄 서서 기다리는 시간만 잘 활용해도 충분히 가능하다. 그게 바로 진정한 1퍼센트의 행복한 삶을 사는 시작이다.

회사에서 실적 압박을 하든 당장 눈앞에 보이는 일을 해결해야 하든 지금 아니면 안 될 것 같지만 실제 시간이 지나고 나면 별일이 아니다. 미친 듯이 서로를 죽일 것처럼 부부싸움을 하지만 지나고 보면 정말 아무 일도 아닌 사소한 일들로 싸우는 경우가 많다. 그저 내 마음이 쫓기고 여유가 없어 생긴 결과이다. 그러한 나 자신을 발견하고 지속적으로 감정의 변화를 알아차리고 마음을 여유 있게 갖도록 노력해야 한다. 이때 가장 먼저 해야 할 일이 심호흡을 하는 것이고 신선한 공기를 마실 수 있도록 환경을 바꿔주는 것이다.

분노조절장애가 달리 있는 게 아니다. 그 순간에 참지 못하고 폭발하기까지는 무수히 많이 참았을 것이고, 화낼 만한 상황이 반복적으로 쌓였을 것이다. 스트레스가 쌓이지 않으려면 결코 참아서는 안 된다. 참기 이전에 알아차리면 훨씬 화가 덜 나고, 그 순간에 억지로라도 박수를 치며 웃어버리는 훈련을 하면 실제로 그렇게 된다. 본래 선한 사람도, 악한 사람도 없다. 알아차리고 변화하려고 노력하느냐 아니냐에 따라 지금 내 모습이 있는 것뿐이다. 나는 어떤 사람이라는 틀에 자신을 가두지 말고 웃는 것부터 시작해보자. 그렇게 몸의 경직을 푸는 습관에서부터 우리 인생이 달라지기 시작한다.

너무 애쓰지 말고
평온하게 살자

2023년 케냐의 켈빈 킵툼Kelvin Kiptum 선수가 마라톤 세계 신기록인 2시간 00분 35초를 수립했다. 마라톤 대회 출전 3번만에 세운 기록으로 모두가 드디어 마의 한계로 여긴 42.195킬로미터 1시간대 주파를 이룩할 선수라고 주목했다. 마라톤 풀코스를 1시간대에 완주하려면 100미터를 평균 17초의 속도로 계속 뛰어야 한다. 양과 염소를 치던 가난한 목동이었던 이 선수는 해발 약 2,550미터인 케냐에서도 고지대인 마을에서 자랐다. 그는 수많은 케냐의 청년들처럼 마라톤 대회 우승을 꿈꾸며 일주일에 250~300킬로미터를 달리며 훈련했다고 한다. 그는

2018년경 전문적인 마라톤 코치를 만나 처음 대회에 참가했는데 그 이후 코로나 팬데믹으로 인해 더 이상 출전 기회가 없었다. 하지만 그 기간 동안에도 매일 변함없이 마라톤 풀코스를 뛰었다고 한다.

현대 과학이 예측한 최대 한계치인 1시간 57분의 벽을 깰 것이라는 기대를 한몸에 받던 그는 2024년 2월 코치와 함께 훈련지로 이동하던 중 교통사고로 사망했다. 그는 마라톤 트랙이 없어 맨발로 도로를 뛰었고, 평소에는 양과 염소를 치다가 케냐로 전지훈련을 오는 마라톤 선수들의 뒤를 쫓아 뛰면서 훈련 방식을 배웠다고 한다. 심지어 처음 대회에 출전했을 땐 마라톤 신발을 살 돈이 없어 빌려 신었다고 한다. 이런 노력이 안타깝게도 2024 파리 올림픽 출전을 앞두고 25세의 젊은 나이로 사망한 것이다. 게다가 그에게는 아내와 두 자녀가 있다고 한다. 안타까운 죽음이 아닐 수 없다.

고지대인 케냐에서 나고 자랐다지만 마라톤 풀코스를 2시간 안에 완주하기까지 얼마나 많은 고통과 힘든 순간들을 이겨냈을까. 그가 그러한 힘든 순간들을 다 이겨낸 것은 아마도 아내와 두 자녀, 즉 가족을 위해서였을 것이다. 그런 생각을 하면 가슴 한구석이 아린다. 나는 이 선수의 사연을 보며 다시금 현재 살아 있음에 감사함을 느꼈다. 세상에서 가장 축복인 것은 돈도 명예도 아닌 건강하게 살아 있다는 사실뿐이다. 두 팔과 두 다리가 멀쩡해서 내 마음대로 돌아다닐 수 있고 내 손으로 내 입에 먹을 것을 넣어줄 수 있는 것만으로도 엄청나게 감사한 일이다.

대부분의 사람들은 대기록을 남기지 못해도 오랫동안 건강하게 가족과 함께하는 길을 선택할 것이다. 물론 그 선수의 가족들은 그가 대회에 참가하지 못한 채 훈련 도중 사망했다고 해서 그가 실패했다고 생각하지 않을 것이다. 그의 자녀들은 성공하지 못하고 떠난 아빠를 원망하며 크는 대신 어쩌면 못다 이룬 아빠의 꿈을 이루기 위해 묵묵히 매일 달리기를 시작할지도 모른다.

어쨌든 남겨진 이들은 지금 살아 있음에 감사하면서 오늘을 살아갈 것이다. 그런데 우리는 막상 현실에서 내가 누리고 있는 엄청나게 축복받은 삶을 깨닫지 못한 채 괴로워하며 산다. 그런 까닭은 바로 마음이 항상 변화하기 때문이다. 때로는 즐거웠다, 슬펐다, 악해졌다, 선해졌다 하는 마음의 변화를 먼저 알아차리면 우리는 괴로움을 훨씬 덜 느끼며 살 수 있다.

알아차리는 것에서 시작하라

괴로움에서 벗어나려면, 오늘을 좀 더 충만하게 살고 싶다면 우리의 마음, 생각과 감정이 바뀌는 경계를 알아차리는 것이 첫 번째이다. 깨달음을 얻어서 이것이 삶 전반에 다 녹아들고 한번에 실행할 수 있다면 좋겠지만 우리는 해골에 담긴 물을 마시고 한번에 해탈의 경지에 이른 원효대사가 아니다. 두 번째는 부단히 마음의 변화를 알아차리면서 내가 아이스크림, 치킨, 콜라, 아이스 아메리카노, 초콜릿, 케이크 등을 무의식적으로 먹기전에 자신이 가공식품에 중독되었음을 인지해야 한다. 이를 위해서는 훈련이 필요하다. 다만 과도한 소비 문화로 인해 욕망과 욕심이 끊임없이 자극된다는 것을 알면서 때로 무너지더라도 자신에 대해 너무 자책하지는 말자. 세 번째는 욕망과 욕심으로 인한 유혹에 넘어갔음을 알고 이것을 조절할 수 있도록 계속 마음 수행을 하는 것이다. 이러한 과정을 거치고 나면 드디어 네 번째인 내 마음대로 해나가도 괴로움이 크게 생기지 않는 인생의 주인으로 살 수 있다.

소비를 줄이고 강박과 집착에서 벗어나면 몸도 마음도 모두 건강해진다. 이러한 수행 과정에는 최소 3년, 1,000일이라는 시간이 필요하다. 시험이든 프로젝트든 결혼이든 인생에 있어 뭔가 큰 변화를 얻기까지 1,000일이라는 시간과 과정이 반드시 필요하다. 그 시간 동안 어떠한 이유로든 죽지 않고 살아 있는 것만으로도 이미 성공한 삶이다. 설사 실패하더라도 다시 또 3년을 목표로 시작하면 된다.

현재 내 나이와 환경은 아무런 의미가 없다. 돈이 많고 적음은 절대 행복에 필수 조건이 아니다. 먹고 자고 입는 것이 인간의 기본적인 생활이기에 이 욕망을 자극하여 불필요한 소비를 하게 만들고 이 안에서 남과 비교하게 되면서 불행과 괴로움이 시작된다는 걸 절대 잊지 말라.

사실 우리가 먹고 자고 입는 것을 기본적으로만 충족하는 데에는 그렇게 큰돈이 들지 않는다. 과연 내 만족인지 타인을 위한 것인지 이윤 추구가 목표인 기업을 위한 것인지 헷갈릴 정도의 소비로 얻는 것은 결국 공허함과 외로움뿐이다. 결혼을 해도 변하지 않는 생활 패턴은 결국 상대방의 경제력과 성장하지 못하는 자신의 모습을 탓하게 만들 뿐이다. 남을 의식하고 비교하고 우위에 서고 이기려고 하는 삶은 결코 행복할 수 없다. 착하고 선한 사람은 피해를 보고 악하고 이기적인 사람이 잘사는 사회라고 생각할 필요도 없다.

그저 내게 주어진 환경에서 계속 도전하면서 주위와 나누는 삶을 살아가면 된다. 성공하지 마라, 돈을 벌지 말라고 말하는 것이 아니다. 다만 그것이 인생의 최종 목표이고 행복을 가져다줄 거라는 생각을 떨쳐버리라는 것이다. 인생이 내 뜻대로 풀리지 않는 것 같아도 그것을 받아들이고 평온한 마음을 갖고 다시 도전할 수 있으면 충분하다. 몸이 아파도 마음의 괴로움이 없으면 건강한 삶이다. 아등바등하며 치열하게 살아야 할 때도 분명히 찾아올 것이다. 그럴 때에도 그 순간에 집중하면서 그러한 자신의 모습을 인지하고 있으면 된다. 다음에는 조금은 덜 조급하고 불안하지 않게 마음 편히 해나가도록 조금 더 성장하면 된다. 이렇게 했을 때 지속적인 발전이 가능하다. 한 가지 더해 발전하지 않는 삶도 결코 틀리거나 나쁜 인생이 아니라는 것 또한 받아들이자.

현실에 눈높이를 맞추고 오늘을 살라

이제 당신이 해야 할 일은 자신이 하고 싶은 것들의 기준이 너무 높지는 않은지 점검하는 것이다. 그렇게 자신을 가만히 들여다봄으로써 눈높이를 현실에 맞추어가면 된다. 바로 거기에서 우리 삶의 변화가 시작된다. 건강에 관해서도 마찬가지이다. 머리부터 발끝까지 완벽하게 통증 하나 없이 지내기를 바라기 때문에 더욱 불안해진다. 마음과 몸의 변화에 대해 너무 많은 신경을 쓰지 않고 지낼 수 있을 때 비로소 평온한 삶을 살 수 있다.

수치에서 벗어나라. 성적, 연봉, 집 평수, 친구의 수, 각종 건강검진 수치에 갇혀서 살기에는 우리 인생은 너무나 소중하다. 찰나의 깨달음을 통해 주어진 오늘 하루를 즐겁고 편하게 살자. 그 하루하루가 쌓여 3년 후, 10년 후 원하는 내 모습이 되어 있을 것이다. 바로 그 어떠한 것에도 집착하지 않고 쉽게 스트레스 받지 않고 모든 일에 별일 아니듯 하하 웃으며 주위 사람들에게 사랑을 나누며 사는 멋진 사람으로 말이다.

예방원에 직접 못 오시는 분들을
위하는 마음으로

예방원을 운영하면서 생각지도 않게 시한부 환자들을 많이 만났다. 그분들과 상담할 때 자주 이렇게 말씀드린다.

"제가 먼저 죽을 수도 있는 게 인생입니다. 죽음을 두려워하지 마세요."

상담을 받는 이들 중에는 어떻게든 병이 나아서 더 살고자 하는 경우도 있지만 대부분 상담을 통해 현재의 주어진 상황을 받아들이고 감사하는 마음으로 죽음을 잘 기다리는 경우가 많다.

간혹 한참이 지나서 함께 방문했던 가족에게 이런 연락이 오기도 한다. "원장님 덕분에 어머님께서 마음 편히 잘 계시다가 세상을 떠나셨습니다. 감사합니다."

이런 경험들을 하면서 나 역시 너무나 모자라고 부족한 사람이지만 살아오면서 쌓인 삶의 메시지를 많은 사람들과 나누며 살아야겠다는 생각이 들었다. 단순히 약으로 증상을 없애는 것에 머무르지 않고 궁극적으로 마음의 괴로움이 없이 살 수 있도록 돕고, 누군가의 삶을 변화시키고 더 나아가 행복하게 살 수 있는 깨달음을 전파하고자 책을 쓰고 강연을 시작했다.

지금은 내 책이나 강연 영상을 보고 실천한 이후에 정신적, 육체적으로 긍정적인 변화가 일어났다는 감사 연락을 많이 받는다. 그런 의미에서 이번 책에서는 나 역시 행복하게 살기 위해 지금도 부단히 노력하며 실천하는 과정을 부끄럽지만 진솔하게 나누고자 했다. 동시에 예방원 상담 때 해드리는 이야기들을 책을 통해서라도 접하실 수 있도록 하려고 노력했다. 이번 책 출간을 통해 단 한 명이라도 삶을 포기하지 않고 살아가게 된다면 충분하다고 생각한다.

이 책이 나오기까지 많은 분들의 도움이 있었다. 우선 기획부터 함께해준 알에이치코리아 편집부, 그리고 디자인팀, 마케팅팀, 홍보팀 등 여러분께 감사의 뜻을 전한다.

언제나 한결같이 실천하고 나눔을 함께해주어 게으른 나를 움직이게 해주는 예방원 카페 회원들과 예방원 유튜브 채널 찐식구들에게도 감사의 말을 전한다.

여전히 부족한 남편이자 아빠인 나와 늘 함께해주는 사랑하는 아내와 아들에게 특별히 더 감사하며 이 책을 바친다.

이 책을 읽는 모든 독자들이 자신의 인생이 아무런 문제도 없다는 것을 깨닫고 삶의 주인으로 행복하게 살기를 진심으로 기원한다. 본디 원하는 것 모두를 이룰 수 없는 게 인생이지만 그래도 살 만하고 즐거운 것이 더욱 많다는 걸 언제나 기억하길 바란다.

나를 살리는 생활/식습관

나를 살리는 7대 3의 생활 법칙

7가지 살리기

- 호흡(명상)
- 채소·과일식(통곡물, 견과류)
- 수면
- 햇빛 쐬기
- 맨발로 흙길 걷기
- 봉사
- 감사 기도

3가지 줄이기

- 스트레스
- 욕심(욕망)
- 집착(소비)

나를 살리는 7대 3의 건강 법칙

1. 완전 채식주의자는 채소·과일식 70%, 통곡물 30%의 비율로 유지한다.

2. 완전 채식주의자가 되기 어려운 경우에는 현실적으로 70% 채소·과일식과 통곡물을 먹고, 30%만 일반식을 먹자. 동물

성 식품(고기, 생선, 우유, 치즈, 버터, 요구르트, 요거트 등)을 최소화해
야 한다.

3. 지구의 구성 성분 역시 물이 70%다. 자연의 섭리를 따라야 하
듯이, 인간이 먹는 음식 또한 70%가 수분으로 구성된 것을 섭
취해야 한다. 수분 함량이 높은 음식은 채소·과일식뿐이다.

나를 살리는 3대 주기

섭취 주기(낮12시~저녁8시)

• 점심과 저녁은 일반식으로 먹는다.

통곡물과 해조류를 곁들인 식사를 한다. 단백질은 식물성(현미,
콩 등)으로, 탄수화물은 통곡물(현미, 통밀)에서, 지방은 올리브,
견과류 등을 통해 섭취를 권장한다.

• 식사는 최소 20분 이상 천천히 꼭꼭 씹어 먹는다.

• 식사 도중에 물을 마시지 않는다.

식후에는 입만 가볍게 헹구고 2시간 후부터 물을 마신다.

• 하루 최소 2리터의 물 마시기.

하루 평균 1.8리터가 콩팥과 방광을 통해 배출된다. 하루 최소
2리터의 물을 마셔야 한다는 건강 정보가 나오게 된 이유다.

• 적정 체온을 유지하라.

보통 인간의 체온은 36.5로 알려져 있다. 체온이 1도 떨어질

때마다 대사능력은 약 12%, 면역력은 30% 이상 저하된다. 암세포는 35도에서 가장 증식을 잘한다.

- 비만이 되지 않기 위해서는 변비가 없어야 한다.

동화 주기(저녁8시~새벽4시)

- 7~8시간 수면과 12시간 공복 상태를 유지할 수 있어야 건강한 몸이다.
  수면시간을 통해 회복과 재생을 한다. 밤에 충분한 수면을 못 잔 경우에는 낮잠이 필요하다.
  햇볕을 30분 이상 쬐고 소화가 잘되는 건강식으로 몸의 주기를 만들어갈 때 숙면을 한다.
- 잠을 잘 못 잔다면 복식호흡을 연습하자.
  심리적인 안정을 찾는 첫 번째는 수면제와 신경 안정제가 아니라 복식호흡을 통해서다. 제대로 된 호흡을 통해 마음의 안정을 찾자. 천천히 깊게 호흡하는 것이 습관이 될 때 채소·과일식이 더욱 효과를 볼 수 있다.

배출 주기(새벽4시~낮12시)

- 잠에서 깨면 가벼운 스트레칭을 한다.
  바로 일어나 활동하는 것보다 기지개도 펴주고 스트레칭을 해주며 서서히 일어난다.

- 기상 후에는 가장 먼저 음양탕을 마신다.

  일어나면 물을 한 잔 먹자. 수면 중에 노폐물을 배출하고자 수분을 사용해 부족해졌기 때문이다. 음양탕이란 찬물도 뜨거운 물도 아닌, 미지근한 물을 말한다. 정수기를 쓴다면 먼저 절반은 찬물을, 절반은 뜨거운 물을 섞는다. 미지근한 상태의 물을 마시는 것이 강한 자극을 주는 것보다 조화로운 상태를 유지한다.

- 독소 배출을 잘하기 위해서는 아침에는 가공식품을 안 먹는 게 가장 좋다.

- 공복, 식전에 꼭 과일이나 채소·과일주스를 마신다.

  전날 저녁을 먹고 12시간 공복 후에 처음 들어오는 음식은 반드시 채소, 과일이나 채소 과일주스여야 한다. 과일은 껍질 그대로 씹어먹는 것이 좋다. 식후 과일은 부패해 독소를 가져온다. 과일 자체의 문제가 아니라 가공식품 섭취 후에 과일을 먹기 때문이다.

- 우유와 빵, 우유와 시리얼은 절대 금물이다.

  아침밥을 먹어야 한다면, 현미밥보다는 채소·과일식으로 하는 것을 권한다.

* 책명의 가나다 순으로 나열했습니다.

《건강과 치유의 비밀》 안드레아스 모리츠 지음 / 정진근 옮김 / 에디터

《고혈압, 약을 버리고 밥을 바꿔라》 황성수 지음 / 페가수스

《공부와 열정》 제임스 마커스 바크 지음 / 김선영 옮김 / 민음사

《공해 시대 건강법》 안현필 지음 / 길터

《과식의 심리학》 키마 카길 지음 / 강경이 옮김 / 루아크

《과식의 종말》 데이비드 A 케슬러 지음 / 이순영 옮김 / 문예출판사

《과자, 내 아이를 해치는 달콤한 유혹》 안병수 지음 / 국일미디어

《구석기 다이어트》 로렌 코데인 지음 / 강대은 옮김 / 황금물고기

《글루코스 혁명》 제시 인차우스페 지음 / 조수빈 옮김 / 아침사과

《그릿》 앤절라 더크워스 지음 / 김미정 옮김 / 비즈니스북스

《기적의 건강법》 서효석 지음 / 편강

《기적의 식단》 이영훈 지음 / 북드림

《기적의 야채즙 건강법》 노만 워커, 다테이시 가즈 지음 / 홍석연 옮김 / 문지사

《김철의 몸살림 이야기》 김철 지음 / 백산서당

《나는 고백한다, 현대의학을》 아툴 가완디 지음 / 김미화 옮김 / 동녘사이언스

《나는 뇌입니다》 캐서린 러브데이 지음 / 김성훈 옮김 / 행성B이오스

《나는 살기 위해 자연식한다》 송학운 지음 / 동녘라이프

《나는 왜 채식주의자가 되었는가》 하워드 F. 리먼 지음 / 김이숙 옮김 / 문예출판사

《나는 질병 없이 살기로 했다》 하비 다이아몬드 지음 / 강신원 옮김 / 사이몬북스

《날빛둥이가 속삭인다》 아침나무 지음 / 문빈

《내 몸 내가 고치는 식생활 혁명》 조엘 펄먼 지음 / 김재일 옮김 / 북섬

《내 몸 다이어트 설명서》 마이클 로이젠, 메멧 오즈 지음 / 박용우 옮김 / 김영사

《내 몸의 자생력을 깨워라》 조엘 펄먼 지음 / 이문영 옮김 / 쌤앤파커스

《내 몸이 아프지 않고 잘 사는 법》 하비 다이아몬드 지음 / 김민숙 옮김 / 한언

《내 몸이 최고의 의사다》 임동규 지음 / 에디터

《누구나 10kg 뺄 수 있다》 유태우 지음 / 삼성출판사

《누우면 죽고 걸으면 산다》 김영길 지음 / 사람과사람

《느리게 산다는 것의 의미》 피에르 쌍소 지음 / 김주경 옮김 / 동문선

《늦어서 고마워》 토머스 프리드먼 지음 / 장경덕 옮김 / 21세기북스

《다이어트 불변의 법칙》 하비 다이아몬드 지음 / 강신원, 김민숙 옮김 / 사이몬북스

《다이어트 진화론》 남세희 지음 / 민음인

《다이어트는 운동 1할, 식사 9할》 모리 다쿠로 지음 / 안혜은 옮김 / 이다미디어

《당뇨병이 낫는다》 황성수 지음 / 페가수스

《당신은 뇌를 고칠 수 있다》 톰 오브라이언 지음 / 이시은 옮김 / 브론스테인

《당신이 병드는 이유》 콜린 캠벨, 하워드 제이콥슨 지음 / 이의철 옮김 / 열린과학

《당질 제한식 다이어트》 에베 코지 지음 / 이근아 옮김 / 이아소

《더러운 손의 의사들》 제롬 캐시러 지음 / 최보문 옮김 / 양문

《독소를 비우는 법》 제이슨 펑, 지미 무어 지음 / 이문영 옮김 / 라이팅하우스

《따뜻하면 살고 차가워지면 죽는다》 김종수 지음 / 기림

《마케팅 불변의 법칙》 알 리스, 잭 트라우트 지음 / 이수정 옮김 / 비즈니스맵

《맥두걸 박사의 자연식물식》 존 맥두걸 지음 / 강신원 옮김 / 사이몬북스

《먹기 싫은 음식이 병을 고친다》 임락경 지음 / 들녘

《먹어서 병을 이기는 법》 윌리엄 리 지음 / 신동숙 옮김 / 흐름출판

《먹지마 건강법》 손영기 지음 / 북라인

《모든 출산은 기적입니다》 정환욱 외 지음 / 샨티

《몰입》 황농문 지음 / 알에이치코리아

《몸에도 미니멀리즘》 황민연 지음 / 사이몬북스

《무엇을 먹을 것인가》 콜린 캠벨, 토마스캠벨 지음 / 유자화, 홍원표 옮김 / 열린과학

《무한능력》 토니 로빈스 지음 / 김용준 옮김 / 넥서스BIZ

《문숙의 자연 치유》 문숙 지음 / 샨티

《미국사》 앙드레 모루아 지음 / 신용석 옮김 / 김영사

《미라클》 오리슨 스웨트 마든 지음 / 김우열 옮김 / 21세기북스

《미라클 모닝》 할 엘로드 지음 / 김현수 옮김 / 한빛비즈

《밀가루 똥배》 윌리엄 데이비스 지음 / 인윤희 옮김 / 에코리브르

《밀턴 에릭슨의 심리치유 수업》 밀턴 에릭슨 지음 / 문희경 옮김 / 어크로스

《밥따로 물따로 음양식사법》 이상문 지음 / 정신세계사

《밥상이 썩었다 당신의 몸이 썩고 있다》 강순남 지음 / 아이러브장독대

《밥상 혁명을 일으켜라》 이태근 지음 / 신아출판사

《배신의 식탁》 마이클 모스 지음 / 최가영 옮김 / 명진출판

《뱃살이 쏙 빠지는 식사법》 에베 코지 지음 / 김은혜 옮김 / 더난출판사

《100개의 문장으로 읽는 100권의 책》 안덕훈 지음 / 작은숲

《100년 동안의 거짓말》 랜덜 피츠제럴드 지음 / 신현승 옮김 / 시공사

《백년 면역력을 키우는 짠맛의 힘》 김은숙, 장진기 지음 / 앵글북스

《100세 인생도 건강해야 축복이다》 라시드 부타르 지음 / 제효영 옮김 / 라이프맵

《병에 걸려도 잘 사는 법》 김영길 지음 / 서울셀렉션

《병원에 가지 말아야 할 81가지 이유》 허현회 지음 / 라의눈

《병의 90%는 걷기만 해도 낫는다》 나가오 가즈히로 지음 / 이선정 옮김 / 북라이프

《불교음식학 : 음식과 욕망》 공만식 지음 / 불광출판사

《불량 의학》 크리스토퍼 완제크 지음 / 박은영 옮김 / 열대림

《블루존》 댄 뷰트너 지음 / 신승미 옮김 / 살림Life

《비만의 종말》 가쓰 데이비스 지음 / 강신원, 김진영 옮김 / 사이몬북스

《비타민 쇼크》 예르크 치틀라우 지음 / 도현정 옮김 / 21세기북스

《비타민제 먼저 끊으셔야겠습니다》 명승권 지음 / 왕의서재

《빼지 말고 빠지게 하라》 황성수 지음 / 사이몬북스

《사라진 암》 한상도 지음 / 사이몬북스

《사람은 무엇으로 성장하는가》 존 맥스웰 지음 / 김고명 옮김 / 비즈니스북스

《사람을 살리는 단식》 장두석 지음 / 정신세계사

《4주 해독 다이어트》 박용우 지음 / 비타북스

《사피엔스》 유발 하라리 지음 / 조현욱 옮김 / 김영사

《산 음식 죽은 음식》 더글라스 그라함 지음 / 김진영, 강신원 옮김 / 사이몬북스

《상처받지 않는 영혼》 마이클 싱어 지음 / 이균형 옮김 / 라이팅하우스

《생긴 대로 먹어야 건강하다》 조성태 지음 / 샘이깊은물

《생약학》 생약학교재 편찬위원회 지음 / 동명사

《섹스의 진화》 제레드 다이아몬드 지음 / 임지원 옮김 / 사이언스북스

《소소하지만 확실한 건강 이야기》 오경석 지음 / 에디터

《소식주의자》 미즈노 남보쿠 지음 / 최진호 편역 / 사이몬북스

《소유의 종말》 제러미 리프킨 지음 / 이희재 옮김 / 민음사

《슈거블루스》 윌리엄 더프티 지음 / 최광민 · 이지연 옮김 / 북라인

《스마트 체인지》 아트 마크먼 지음 / 김태훈 옮김 / 한국경제신문사

《시간제한 다이어트》 조영민, 이기언 외 지음 / 아침사과

《식원성 증후군》 오사와 히로시 지음 / 홍성민 옮김 / 국일미디어

《식탁 위의 혁명》 이종임 지음 / 시공사

《심리학 성공의 비밀을 말하다》 주디스 L. 조이스 지음 / 신준영 옮김 / 더숲

《17일 다이어트》 마이크 모레노 지음 / 정윤미 옮김 / 국일미디어

《쏘팟의 하나만 빼고 다 먹는 다이어트》 이동훈 지음 / 21세기북스

《쓰지 마 위험해》 고와카 준이치 외 지음 / 전혜경 옮김 / 워너비

《아무것도 못 버리는 사람》 캐런 킹스턴 지음 / 최지현 옮김 / 도솔

《아인슈타인이 말합니다》 알베르트 아인슈타인, 앨리스 칼라프리스 지음 / 김명남 옮김 / 에이도스

《아침 과일 습관》 류은경 지음 / 샘터

《안티프래질》 나심 니콜라스 탈레브 지음 / 안세민 옮김 / 와이즈베리

《암에 걸리지 않고 장수하는 30가지 습관》 곤도 마코토 지음 / 홍성민 옮김 / 더난출판

《암은 병이 아니다》 안드레아스 모리츠 지음 / 정진근 옮김 / 에디터

《암의 스위치를 꺼라》 레이먼드 프랜시스 지음 / 전익주, 전해령 옮김 / 에디터

《암의 역습》 곤도 마코토 지음 / 배영진 옮김 / 전나무숲

《야채즙 과일즙》 노먼 워커 지음 / 윤승천, 김태수 옮김 / 건강신문사

《약물학》 한국약학대학협의회 약물학분과회 지음 / 신일북스

《약에게 살해당하지 않는 47가지 방법》 곤도 마코토 지음 / 김윤경 옮김 / 더난출판

《약 안 쓰고 수술 않고 심장병 고치는 법》 딘 오니시 지음 / 장현갑 옮김 / 석필

《약용식물 활용법》 배종진 지음 / 다차원북스

《약이 사람을 죽인다》 레이 스트랜드 지음 / 이명신 옮김 / 웅진리빙하우스

《어느 채식의사의 고백》 존 맥두걸 지음 / 강신원 옮김 / 사이몬북스

《어떻게 살 것인가》 유시민 지음 / 생각의길

《어떻게 원하는 것을 얻는가》 스튜어트 다이아몬드 지음 / 김태훈 옮김 / 세계사

《역사란 무엇인가》 E.H. 카 지음 / 김택현 옮김 / 까치

《역삼투압 정수기가 사람을 잡는다》 손상대 지음 / 서영

《영국사》 앙드레 모루아 지음 / 신용석 옮김 / 김영사

《영양의 비밀》 프레드 프로벤자 지음 / 안종설 옮김 / 브론스테인

《영원과 사랑의 대화》 김형석 지음 / 김영사

《영원한 젊음》 리카르도 콜레르 지음 / 최유정 옮김 / 삼인

《예방접종 어떻게 믿습니까》 스테파니 케이브 지음 / 차혜경 편저 / 바람

《예방접종이 오히려 병을 부른다》 안드레아스 모리츠 지음 / 정진근 옮김 / 에디터

《오두막 편지》 법정 지음 / 이레

《오리지널스》 애덤 그랜트 지음 / 홍지수 옮김 / 한국경제신문사

《오비소겐, 독소의 역습》 가쿠 레이카 지음 / 정지영 옮김 / 삼호미디어

《오키나와 프로그램》 브래들리 윌콕스, 크레이그 윌콕스 외 지음 / 박정숙 옮김 / 청림출판

《완벽한 공부법》 고영성, 신영준 지음 / 로크미디어

《왜 아플까》 벤저민 빅먼 지음 / 이영래 옮김 / 드림

《왜 우리는 살이 찌는가》 케리 타우브스 지음 / 강병철 옮김 / 알마

《왜 고기를 안 먹기로 한 거야?》 마르탱 파주 지음 / 배영란 옮김 / 황소걸음

《우리가 몰랐던 백신의 놀라운 비밀》 후나세 슌스케 지음 / 김경원 옮김 / 중앙생활사

《우리는 TV쇼닥터에게 속고 있다》 이태호 지음 / 오픈하우스

《우리 몸은 거짓말을 하지 않는다》 이승원 지음 / 김영사

《우리 몸은 석기시대》 데트레프 간텐, 틸로 슈만 외 지음 / 조경수 옮김 / 중앙북스

《우리 본성의 선한 천사》 스티븐 핑커 지음 / 김명남 옮김 / 사이언스북스

《우아하게 가난해지는 법》 알렉산더 폰 쇤부르크 지음 / 김인순 옮김 / 필로소픽

《원씽 THE ONE THING》 게리 켈러, 제이 파파산 지음 / 구세희 옮김 / 비즈니스북스

《월든》 헨리 데이비드 소로우 지음/ 강승영 옮김 / 은행나무

《위험한 과잉의료》 피터 괴체 지음 / 윤소화 옮김 / 공존

《요가난다, 영혼의 자서전》 파라마한사 요가난다 지음 / 김정우 옮김 / 뜨란

《요리본능》 리처드 랭엄 지음 / 조현욱 옮김 / 사이언스북스

《육식의 불편한 진실》 존 로빈스 지음 / 이무열, 손혜숙 옮김 / 아름드리미디어

《육식의 종말》 제러미 리프킨 지음 / 신현승 옮김 / 시공사

《의사는 수술받지 않는다》 김현정 지음 / 느리게읽기

《음식중독》 마이클 모스 지음 / 연아람 옮김 / 민음사

《의사도 못 고치는 병을 밥장사가 고친다》 강순남 지음 / 참빛

《의사들도 모르는 기적의 간 청소》 안드레아스 모리츠 지음 / 정진근 옮김 / 에디터

《의사들의 120세 건강 비결은 따로 있다》 마이클 그레거 외 지음 / 강태진, 홍영준 옮김 / 진성북스

《의사의 거짓말, 가짜 건강상식》 켄 베리 지음 / 한소영 옮김 / 코리아닷컴

《의사를 믿지 말아야 할 72가지 이유》 허현회 지음 / 라의눈

《의사에게 살해당하지 않는 47가지 방법》 곤도 마코토 지음 / 이근아 옮김 / 더난출판

《의사와 약에 속지 않는 법》 미요시 모토하루 지음 / 박재현 옮김 / 알에이치코리아

《의지력의 재발견》 로이 F. 바우마이스터, 존 티어니 지음 / 이덕임 옮김 / 에코리브르

《이기적 유전자》 리처드 도킨스 지음 / 홍영남, 이상임 옮김 / 을유문화사

《이상구 박사의 잘 먹고 오래 사는 법》 이상구 지음 / 여성신문사

《인간은 왜 병에 걸리는가》 랜돌프 M. 네스 외 지음 / 최재천 옮김 / 사이언스북스

《인간의 흑역사》 톰 필립스 지음 / 홍한결 옮김 / 윌북

《인간이 만든 위대한 속임수 식품첨가물》 아베 쓰카사 지음 / 안병수 옮김 / 국일미디어

《1日 1食》 나구모 요시노리 지음 / 양영철 옮김 / 위즈덤스타일

《자발적 가난》 E. F. 슈마허 외 지음 / 이덕임 옮김 / 그물코

《자연치유 불변의 법칙》 하비 다이아몬드 지음 / 이문희, 강신원 옮김 / 사이몬북스

《잘먹고 잘사는 법》 박정훈 지음 / 김영사

《잘못된 식생활이 성인병을 만든다》 미국상원영양문제특별위원회 지음 / 원태진 편역 / 형성사

《잡식동물의 딜레마》 마이클 폴란 지음 / 조윤정 옮김 / 다른세상

《장, 비워야 오래 산다》 고다 미쓰오 지음 / 김윤희 옮김 / 이지북

《재능은 어떻게 단련되는가》 제프 콜빈 지음 / 김정희 옮김 / 부키

《저당 식생활 혁명》 H.리이튼 스튜워드 지음 / 박미경 옮김 / 디자인하우스

《정자에서 온 남자 난자에서 온 여자》 조 쿼크 지음 / 김경숙 옮김 / 해냄

《제3의 침팬지》 재레드 다이아몬드 지음 / 김정흠 옮김 / 문학사상사

《조금씩 천천히 자연식물식》 이의철 지음 / 니들북

《조화로운 삶》 헬렌 니어링, 스콧 니어링 지음 / 류시화 옮김 / 보리

《죽은 의사는 거짓말을 하지 않는다》 닥터 월렉 지음 / 박우철 옮김 / 꿈과의지

《죽음은 두렵지 않다》 다치바나 다카시 지음 / 전화윤 옮김 / 청어람미디어

《죽음이란 무엇인가》 셸리 케이건 지음 / 박세연 옮김 / 웅진지식하우스

《지방 대사 켜는 스위치온 다이어트》 박용우 지음 / 루미너스

《지방이 범인》 콜드웰 에셀스틴 지음 / 강신원 옮김 / 사이몬북스

《지식의 반감기》 새뮤얼 아브스만 지음 / 이창희 옮김 / 책읽는수요일

《지적 대화를 위한 넓고 얕은 지식》 채사장 지음 / 웨일북

《진짜 채소는 그렇게 푸르지 않다》 가와나 히데오 지음 / 전선영 옮김 / 판미동

《차라리 아이를 굶겨라》 다음을 지키는 엄마모임 지음 / 시공사

《채식의 유혹》 김우열 지음 / 퍼플카우

《책쓰기의 모든것》 송숙희 지음 / 언더북스

《책 읽는 뇌》 매리언 울프 지음 / 이희수 옮김 / 살림출판사

《철학의 위안》 보에티우스 지음 / 이세운 옮김 / 필로소픽

《청정 건강법》 정윤조 지음 / 양문

《총, 균, 쇠》 재레드 다이아몬드 지음 / 강주헌 옮김 / 김영사

《최강의 식사》 데이브 아스프리 지음 / 정세영 옮김 / 앵글북스

《최고의 휴식》 구가야 아키라 지음 / 홍성민 옮김 / 알에이치코리아

《치매에서의 자유》 안드레아스 모리츠 지음 / 이원기 옮김 / 에디터

《치유 본능》 김은숙, 장진기 지음 / 판미동

《침묵의 봄》 레이첼 카슨 지음 / 김은령 옮김 / 에코리브르

《카라마조프가의 형제들》 표도르 도스토예프스키 지음 / 김연경 옮김 / 민음사

《코스모스》 칼 에드워드 세이건 지음 / 홍승수 옮김 / 사이언스북스

《탄수화물이 인류를 멸망시킨다》 나쓰이 마코토 지음 / 윤지나 옮김 / 청림Life

《태초 먹거리》 이계호 지음 / 한국분석기술연구소

《태평이가 전하는 태평농 이야기》 이영문 지음 / 연화

《털 없는 원숭이》 데즈먼드 모리스 지음 / 김석희 옮김 / 문예춘추사

《통증혁명》 존 사노 지음 / 이재석 옮김 / 국일미디어

《포지셔닝 불변의 법칙》 잭 트라우트, 스티브 리브킨 지음 / 현용진, 이기헌 옮김 / 이상

《프랑스사》 앙드레 모루아 지음 / 신용석 옮김 / 김영사

《플랜트 패러독스》 스티븐 R. 건드리 지음 / 이영래 옮김 / 쌤앤파커스

《피벗하라》 제니 블레이크 지음 / 이유경 옮김 / 처음북스

《하버드 의대가 당신의 식탁을 책임진다》 월터 윌렛 지음 / 손수미 옮김 / 동아일보사

《한방병리》 이종대 지음 / 정담

《한방약리학》 한방약리학 교재편찬위원회 / 신일북스

《항암제로 살해당하다》 후나세 슌스케 지음 / 김하경 옮김 / 중앙생활사

《해답 THE ANSWER》 존 아사라프, 머레이 스미스 지음 / 이경식 옮김 / 알에이치코리아

《햇빛의 선물》 안드레아스 모리츠 지음 / 정진근 옮김 / 에디터

《호모 데우스》 유발 하라리 / 김명주 옮김 / 김영사

《홀로 사는 즐거움》 법정 지음 / 샘터

《화장품, 얼굴에 독을 발라라》 오자와 다카하루 지음 / 홍성민 옮김 / 미토스

《환자 혁명》 조한경 지음 / 에디터

《효소가 생명을 좌우한다》 쓰루미 다카후미 지음 / 남원우 옮김 / 배문사

《효소영양학 개론》 에드워드 하웰 지음 / 김기태, 신현재 외 옮김 / 한림원

《희망의 밥상》 제인 구달, 게리 매커보이 외 지음 / 김은영 옮김 / 사이언스북스

기타 (국내 미출간 도서)

《Enzyme Nutrition》 / Avery Publishing Group

《Become Younger》 Norman W. Walke / Norwalk Press

나를 살리는 습관,
죽이는 습관

1판 1쇄 발행 2024년 7월 10일
1판 3쇄 발행 2024년 8월 28일

지은이 조승우

발행인 양원석 **편집** 이아람
디자인 조윤주, 김미선
영업마케팅 양정길, 윤송, 김지현, 정다은, 박윤하

펴낸 곳 ㈜알에이치코리아
주소 서울시 금천구 가산디지털2로 53, 20층 (가산동, 한라시그마밸리)
편집문의 02-6443-8855   **도서문의** 02-6443-8800
홈페이지 http://rhk.co.kr
등록 2004년 1월 15일 제2-3726호

ISBN 978-89-255-7478-3 (03190)